AF533934

Das Ostpreußenlied

Land der dunklen Wälder
Und kristallnen Seen,
Über weite Felder
Lichte Wunder gehn.

Starke Bauern schreiten
Hinter Pferd und Pflug;
Über Ackerbreiten
Streicht der Vogelzug.

Und die Meere rauschen
Den Choral der Zeit.
Elche steh'n und lauschen
In die Ewigkeit.

Tag ist aufgegangen
Über Haff und Moor.
Licht hat angefangen,
Steigt im Ost empor.

ERICH HANNIGHOFER, UM 1930

(geb. 1908 in Königsberg/Ostpreußen,
vermißt 1945 in Rußland)

Harald Saul

Ostpreußen

Das große Buch der Familienrezepte

Bassermann

Königsberg i. Pr.,
Dom.
35.

OSTPREUSSEN

(in den Grenzen von 1939)

Inhalt

Geschichten und Rezepte

Vorwort

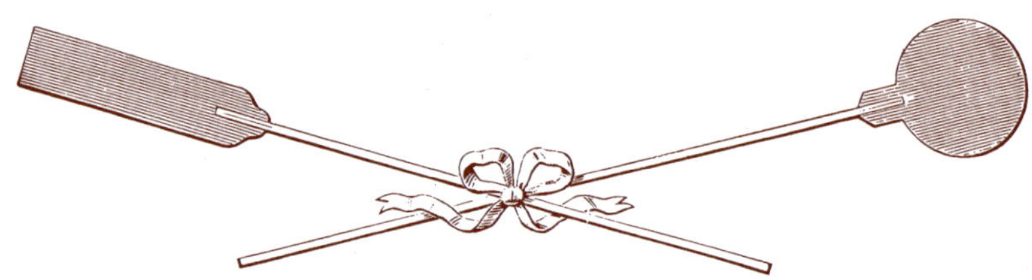

Kann man es einem „Nicht-Ostpreußen" abnehmen, wenn er sich für ein Land interessiert, das es schon lange nicht mehr gibt?

Ich war 12 Jahre alt, als mir ein Lehrer von Königsberg erzählte und mich neugierig machte. Ich hörte von britischen Bombern, die in den Augustnächten 1944 Phosphor über der Stadt versprühten, und lauschte seinen Erzählungen über den Festungskampf, der mit der Kapitulation am 9. April 1945 endete.

Er sprach vorsichtig von Breschnew, der die fremde Kultur im früheren Königsberg, das nun Kaliningrad hieß, ausmerzen wollte und 1969 die Reste des Königsberger Schlosses sprengen ließ. Er konnte wunderbar erzählen von den alten Vierteln an den beiden Pregelarmen und von der Dominsel.

Ich ging in die Stadtbibliothek und fragte nach Büchern über Königsberg. Pikiert antwortete mir die Bibliothekarin, daß Kaliningrad jetzt eine moderne, sowjetische Großstadt sei …

Als ich im Frühjahr 1999 im „Ostpreußenblatt" für ein recht persönliches Kochbuch um Übermittlung von Rezepten, Erinnerungen und Dokumenten bat, erhielt ich ein überwältigendes Echo. Briefe, Pakete und persönliche Gespräche erbrachten eine erstaunliche Fülle an einmaligen Erinnerungen.

Nun ist das „Ostpreußen-Geschichts-Kochbuch" fertig und vieles an Material konnte nicht berücksichtigt werden. Deshalb habe ich vor allem die Speisen und Menüfolgen in das Buch aufgenommen, die noch weitgehend unbekannt sind oder nur einem kleinen regionalen Kreis zugänglich waren.

Alle Rezepte sind, wenn nicht anders vermerkt, für vier Personen berechnet.

Liebenswerte Menschen lernte ich kennen in den neuen und alten Bundesländern, die mit großer Verbundenheit von ihrer ehemaligen Heimat sprachen. Ich danke ihnen für die unvergeßlichen Gespräche und ihre Bereitwilligkeit, mir das historische Material uneigennützig zu schenken oder leihweise zu überlassen.

Ich lernte ein Land kennen, das über eine hohe Kultur verfügte und von der Bescheidenheit und dem schöpferischen Einfallsreichtum seiner Menschen geprägt war. Bemerkenswert und für mich als sehr ähnlich empfindenden Thüringer beeindruckend der Stolz der Ostpreußen auf ihre Familientraditionen, auf alte Bräuche und das weite schöne Land.

Von Ella Brachmann und ihren Eintopf-Spezialitäten aus der Kalcherschen Werksküche in Schloßberg bis zu den Traditionsgerichten von Schloß Schlobitten spannt sich ein bunter, erstaunlich vielfältiger Bogen. Das liegt sicher daran, daß die Erinnerungen der Befragten so lebhaft und gegenwärtig sind – vieles wurde wieder und wieder in den Familien erzählt. Und diese Erinnerungen sind wohl auch Ausdruck der patriarchalischen Verbundenheit der Ostpreußen mit ihrem Land und den Menschen, resultierend aus starkem Traditionsbewußtsein und dem Aufeinanderangewiesensein im arbeitsreichen Alltag. So werden alltägliches Leben und außergewöhnliche Schicksale nacherlebbar.

Wandel der Geschichte: Heute ist es wieder möglich, jenes versunkene Land, seine Städte und Dörfer zu bereisen. Ostpreußen, das Kernland Preußens, das nach dem Alliierten Kontrollratsgesetz vom 25. Februar 1947 nicht mehr existiert, lebt in seinen früheren Bewohnern und ihren Nachkommen weiter, wie auch in seinem historischen Erbe, das aus der preußisch-deutschen Geschichte nicht mehr herauszulösen ist.

Ich bedanke mich bei allen, die mir geholfen haben, daß dieses Buch entstehen konnte. Besonderen Dank auch meinen beiden Arbeitskolleginnen, Frau Krista Seyfarth und Frau Beate Korn aus Gera, die mir beim „Übersetzen“ alter Familiendokumente eine wichtige Hilfe gewesen sind.

Gera, im Herbst 2000

Ella Brachmann und die Schloßberger Küche um 1925

Ella Brachmann 1932

Ella Brachmann (1914–1995) erinnerte sich bei unserem Zusammentreffen noch lebhaft an die Zeit in Schloßberg (vormals Pillkallen, heute Dobrowolsk) und an ihre Tätigkeit in der Werksküche der Firma Kalcher.

Kalcher – der Name stand für einen aufstrebenden Handwerksbetrieb. Frau Brachmann schwärmte von der 40-Jahr-Feier des Betriebes im „Schützenhaus" Schloßberg. An drei langen, mit Blumen geschmückten Festtafeln speisten die Festgäste, die zum Firmenjubiläum geladen waren. Der Chef Hans Kalcher, er war Maurermeister und Zimmermeister, sah an dem Abend sehr gut aus mit dem Eisernen Kreuz am weißen Band am Rockaufschlag.

Er engagierte sich energisch für Schloßberg und es ist sein Verdienst, daß vieles der Nachwelt erhalten geblieben ist: die Post und das Rathaus, etliche Straßenzüge und die Parkettfabrik. Hier, in der Parkettfabrik, arbeitete Ella Brachmann zu jener Zeit, als die Firma Kalcher & Söhne aufblühte.

Hans Kalcher finanzierte 1919 auch die elektrische Lichtanlage im damaligen Pillkallen und dann später in Schloßberg mit. (Am 16. Juli 1938 wurde die Kreisstadt Pillkallen in Schloßberg umbenannt.) Im neuen Königsberger Bahnhof sind viele Ziegel und das begehrte Parkett aus Pillkallen verbaut worden.

Schloßberg verdankt Hans Kalcher viel, erzählte Ella Brachmann. Sie erwähnte die Badeanstalt, die ihrer Familie viel Freude beschert hat, den neuen Schießstand in den alten Kiesgruben, den Saal im „Schützenhaus“ und die Rollschuhbahn, die Hans Kalcher zu neuem Leben erweckte.

Die Zeit ist vergangen. In Meerane fand Ella Brachmann eine neue Heimat. 1990 reisten Freunde von ihr in das Dobrowolsker Gebiet. Auf zahlreichen Fotos und mit der Filmkamera hielten sie ihre Eindrücke fest – für Ella Brachmann eine schmerzlich-schöne Erinnerung. 1995 ist Ella Brachmann gestorben.

Ella Brachmanns Eintopf-Erinnerungen aus Schloßberg

GEMÜSESUPPE NACH FAMILIE HORN, SCHLOSSBERG UM 1940

Sellerie • Mohrrüben • Pastinaken (weiße Rüben)
grüne Bohnen • Porree (nur die weißen Enden!) • Blumenkohl
Wirsingkohl • Rindfleisch (Querrippe, gut durchwachsen) • Salz

☛ Das Gemüse in beliebiger Form zerkleinern, in einen Kochkessel geben, mit Wasser auffüllen, salzen. Das große Stück Rindfleisch dazugeben und aufkochen lassen. Dann abschäumen und an nicht zu heißer Stelle auf dem Herd gar kochen.

Diese Gemüsesuppe war eine Erfindung der Großmutter des Pfarrers Horn. Sie hatte ihrem Enkel oft erzählt, daß im Januar 1816 im damaligen Pillkallen ein großes Freudenfest stattgefunden habe, bei dem ein riesiger Kessel dieser köstlichen Suppe an das Volk verteilt worden war. Die Gemüsesuppe bestand damals nur aus Gemüse, welches in Mieten gelagert wurde. Die Gutsbesitzer aus der ganzen Umgebung hatten es gespendet. Das Fest im damaligen Pillkallen, am 18. Januar 1816, wurde aus Freude über die endgültige Niederlage Napoleons bei Belle-Alliance (Schlacht bei Waterloo) gefeiert.

Die Gemüsesuppe kam bereits im folgenden Jahr, im Oktober 1817, beim 300jährigen Reformationsfest in Pillkallen zu erneuten Ehren. Aus großen Kesseln wurde die legendäre Suppe an die Pillkallener Bürger verteilt. 1817 war die Suppe bereits nach dem Rezept zubereitet, welches 1940 Ella Brachmann erhielt.

In vielen Küchen der Schloßberger Gegend hat man dieses Gericht später nachgekocht. In etlichen Gaststätten der Stadt wurde es um 1900 ständig angeboten, wie die wenigen erhaltenen Speisenkarten aus dieser Zeit zeigen.

Serviert wurde die Gemüsesuppe in Porzellanschüsseln, wobei obenauf oft ein paar Scheiben Rindermark lagen. Man liebte die Suppe auch mit fein geschnittenem Schnittlauch bestreut und mit körnig gekochtem Reis vermischt.

SAUERKRAUT-KARTOFFEL-SUPPE

500 g abgeputzter Schweinekopf (½ geräucherten Schweinekopf beim Metzger kaufen!) • Salz • Pfeffer • 1 zerdrücktes Lorbeerblatt 1 kg frisches Sauerkraut • 1 kg geschälte Kartoffeln • 2 mittelgroße Zwiebeln • 100 g Schweineschmalz • 20 g Weizenmehl (1 geh. EL) 50 g Tomatenmark (5 EL) • 1 l Schweinekopfbrühe • 100 g Schmand

☛ Geräucherten Schweinekopf eine Stunde in mit Salz, Pfeffer und einem zerdrückten Lorbeerblatt angesetzten Wasser köcheln lassen. Wenn der Schweinekopf gar ist, herausnehmen, 1 l Brühe aufheben. Das Fleisch auslösen, in mundgerechte Stücke schneiden.

Gewaschenes Sauerkraut zerkleinern und entsprechend der Sauerkrautmenge in Würfel geschnittene Kartoffeln zugeben.

Reichlich klein geschnittene Zwiebeln in Schweineschmalz angehen lassen, das Sauerkraut-Kartoffel-Gemüse dazugeben, mit Mehl anstäuben, das Tomatenmark hinzugeben.

Alles etwas schmoren lassen, dann genügend geräucherten Schweinekopf hinzugeben und mit Schweinekopfbrühe auffüllen. Mit Salz, Pfeffer und zerdrücktem Lorbeerblatt würzen.

Beim Anrichten wird die dick gehaltene Suppe mit Schmand (angesäuerte Schlagsahne) abgezogen und sehr heiß auf den Tisch gebracht.

MÖHRENEINTOPF NACH SCHLOSSBERGER ART
(etwa um 1920)

1 kg Kartoffeln • 1 kg Möhren • 100 g Speck ohne Schwarte
1 mittlere Zwiebel • 1 Schweinekopf (frisch) • 1 Bund frische
Petersilie • Salz und Pfeffer zum Würzen

☛ Geputzte Möhren mit einem gleichen Quantum an geschälten Kartoffeln in Würfelchen schneiden und gut abspülen. Dann den kleingeschnittenen Speck, ohne Schwarte, gut ausbraten und die kleinwürflig geschnittene Zwiebel hinzugeben. Alles gut durchschwitzen lassen und die Möhren- und Kartoffelwürfel hinzugeben. Mit der Schweinekopfbrühe auffüllen.

Als Fleischeinlage dient das gare, ausgelöste Fleisch vom Schweinekopf. Die Suppe wird nicht gebunden, da die Kartoffelstärke eine Bindung ergibt.

Besonders gut schmeckt der Eintopf, wenn reichlich frisch gehackte Petersilie darüber gestreut wird.

WIRSINGKRAUTEINTOPF NACH OSTPREUSSENART

1 frischer Wirsingkohlkopf • 2 mittelgroße Zwiebeln
1 Hammelschulter (ca. 1 kg, ausgebeint) • etwa 1 kg geschälte
Kartoffeln • Salz • Pfeffer • 2 Zehen Knoblauch • ½ TL gemahlener
Kümmel • 1 Bund Petersilie

☛ Den Wirsingkohl putzen, vom Strunk sowie den starken Rippen befreien. Waschen und ganz kurz überbrühen, damit der Wirsing beim späteren Garen nicht die hellgrüne Farbe verliert.

Eine feinwürflig geschnittene Zwiebel in eine Kasserolle legen und den abgebrühten Wirsing darauf schichten. Zwischen die einzelnen Schichten hin und wieder etwas Salz, Pfeffer und gemahlenen Kümmel streuen. Dann etwa 1 bis 2 Stunden kalt stellen.

In der Zwischenzeit die gewaschene, ausgebeinte Hammelschulter in Salzwasser langsam bißfest kochen. Die zweite Zwiebel sollte man zum Kochen dazugeben.

Die gar gekochte Hammelschulter in Scheiben schneiden, über den Wirsing geben. Die Brühe (etwa 1 Liter) darüber seihen und die in Würfel geschnittenen Kartoffeln dazugeben.

Die Röhre auf 180 °C vorheizen und die Kasserolle hineinstellen. Den köstlichen dick gehaltenen Eintopf gut eine halbe Stunde dünsten. Erst kurz vor dem Garende die mittels Knoblauchpresse zerdrückten Knoblauchzehen in den Eintopf geben.

Angerichtet wird wie folgt:

Wirsingkohl und Kartoffeln dienen als Unterlage auf dem Teller, darauf kommt die in Scheiben geschnittene Hammelschulter. Dann streut man die ganz frisch gehackte Petersilie darüber.

ELLA BRACHMANNS SAUERKOHLSUPPE

500 g gekochte Rinderbrust • etwas Wurzelwerk • 1 Lorbeerblatt
Pimentkörner • 2 mittlere Zwiebeln • 100 g Schweineschmalz
1 kg frisches Sauerkraut • 200 ml saure Sahne • 1½ l Brühe
von der Rinderbrust • 1 kg Kartoffeln • Salz • Pfeffer • Zucker
1 Bund frische Petersilie

☛ Rinderbrust in kaltem Salzwasser ansetzen und mit etwas Wurzelwerk, Lorbeerblatt und Pimentkörnern über mehrere Stunden langsam gar ziehen. Die Brühe darf nicht kochen! Nach Garende etwa 1½ l Brühe aufheben.

In Streifen geschnittene Zwiebeln in Schweineschmalz in einer Kasserolle andünsten, dann das Sauerkraut hinzugeben. (Sauerkraut vor der Verwendung probieren. Besonders saures Sauerkraut mehrmals mit kaltem Wasser in einem Durchschlag abspülen!)

Dann die in kleine Würfel geschnittene Rinderbrust und die geschälten, geviertelten Kartoffeln hinzugeben. Mit etwas Salz, Pfeffer und Zucker würzen. Mit der sauren Sahne und der Rinderbrühe auffüllen, so daß die Kartoffeln gerade bedeckt sind.

Ofen auf 200 °C vorheizen. Die Kasserolle fest verschlossen in die vorgeheizte Röhre stellen. Das deftige Gericht 1 Stunde in der Röhre schmoren lassen.

Vor dem Servieren den Eintopf mit frisch gehackter Petersilie bestreuen!

Die folgenden Gerichte sind dem Rezeptbuch Ella Brachmanns wörtlich entnommen und nicht verändert.

DER „DEUTSCHTOPF"

☛ Das Fleisch einer Rinderhesse wird in kleine Stücke geschnitten und mit Zwiebelwürfeln (2 mittlere Zwiebeln) sowie Salz, Pfeffer und edelsüßem Paprika auf kleinem Feuer gedämpft.

Wenn es halbgar ist, gibt man die in Würfel geschnittenen Kartoffeln dazu. Für 4 Personen sollte man mindestens 1 Kilo Kartoffeln verwenden. Dann füllt man mit heißem Wasser auf, so daß die Kartoffeln gerade bedeckt sind.

Wenn es zu köcheln anfängt, sollte man schon einmal abschmecken, ob es zu scharf ist oder nicht. Dann etwas nachsalzen! Man würze weiterhin mit Thymian, Zitronenschale und Kümmel.

10 Minuten vor dem Garwerden lege man 2–3 geröstete Schwarzbrotscheiben auf die brodelnde Suppe. Mit einem Holzlöffel tauche man diese unter und lasse sie zerkochen.

Die gerösteten Schwarzbrotscheiben geben der Suppe, die dick gehalten werden sollte, ihren unnachahmlichen Geschmack.

Ella Brachmann hat dieses Rezept mit einigen Zusätzen versehen. Sie schrieb z. B., daß auch harte Pfefferkuchen sich ganz gut eignen, aber etwas eher als das Schwarzbrot an die Suppe kommen müßten.

Dazu hatte Ella Brachmann sich auch ein paar Herdeinstellungen notiert, zum Beispiel wenn sie bei ihrer Tante Ida in der Schirwindter Straße kochte.

Wörtlich zitiert: „Die Kohlen in Zeitungspapier wickeln und erst kurz vor dem Kochen auflegen. Dadurch hält die Glut länger und das Feuer brennt nicht so stark."

Außerdem hat sie etliche persönliche Bemerkungen über Familienmitglieder aufgeschrieben, zum Beispiel: „Onkel Ernst nicht mehr einladen, wenn Tante Ida zugesagt hat. Rinderhesse bei Stammbach kaufen ..."

ÜBERBACKENER HECHT AUF BUTTERNUDELN

☛ Auf einer Unterlage von Butternudeln richtet man pro Person ein etwa 150 g schweres Hechtfilet an, welches man in einem würzigen Gemüsesud vorgedünstet hat. Dann überziehe man es mit einer Käsesoße und bestreue alles noch einmal mit geriebenem Parmesan.

Dann gebe man alles in die vorher erhitzte Herdröhre und wenn es goldgelb wird, beträufele man es mit zerlassener guter Butter.

Butternudeln:

☛ 400 g Mehl mit 4 Eigelb, sowie Salz und einem Teelöffel Öl zu einem geschmeidigen Teig vermengen. Den Teig solange kneten, bis er glatt und glänzend ist. Eine halbe Stunde ruhen lassen und dann erst schön dünn ausrollen.

In einem großen Topf Wasser ansetzen und mit Salz und 2 Teelöffel Öl zum Kochen bringen.

Jetzt den Nudelteig in feine Nudeln schneiden. Ins sprudelnde Wasser die Nudeln geben und unter häufigem Umrühren nicht mehr als 5 Minuten köcheln lassen.

Nudeln auf ein Sieb geben und mit kaltem Wasser übergießen.

Gut abtropfen lassen.

Butter in einem großen Tiegel zerlaufen lassen und die Nudeln anschwenken.

Käsesoße:

☛ Das ist eine Rahmsoße bestehend aus Mehl, Milch, Eigelb, Butter und geriebenem Parmesan.

Butter (50 g) und Mehl (50 g) zu einer Schwitze anschwitzen und mit kalter Milch (1 Kaffeetasse voll) angießen. Aufkochen lassen und mit einem halben Liter Milch nach und nach auffüllen und gut durchkochen. Etwas erkalten lassen, dann das Eigelb und geriebenen Parmesan (etwa 50 g) dazu rühren.

Erinnerungen an den Königsberger Koch Meinhardt

Der Königsberger Koch W. Meinhardt, 1921

Bernhard Friedrich, geboren 1902 in Liegnitz/Schlesien, gestorben 1993 in Meiningen/Thüringen, war bis 1966 Lehrer an der Sprachheilschule in Meiningen und wegen seiner interessanten Erzählungen in seinem Unterricht bei vielen Schülern sehr beliebt. Besonders über Königsberg erzählte er sehr gern und so mancher Schüler lernte Ostpreußen kennen, obwohl es nicht in den Lehrbüchern zu finden war.

Bernhard Friedrich hatte 1927 bis 1930 an der Königsberger Universität studiert. Dann war er 10 Jahre Lehrer, erst in Königsberg und später im ostpreußischen Saalfeld (heute polnisch Zolewo). Von Saalfeld konnte er besonders viel berichten, war es doch eine alte Stadt, mit einer berühmten Kirche, der Pfarrkirche St. Johannis, im 13. Jahrhundert erbaut.

Bernhard Friedrich kehrte erst 1947 aus dem Krieg heim. Ab 1951 wandte er sich sprach- und stimmgestörten Kindern zu. Er war sehr einfühlsam und beschäftigte sich mit jedem seiner Schüler ausführlich.

Liegnitz in Schlesien um 1900

Da ich schon damals mit dem Kochberuf liebäugelte, sprachen wir manchmal, wenn ich ihn in seinem Gewächshaus besuchte, über die ostpreußische Küche.

Bernhard Friedrich hatte als Student in Königsberg den bekannten Koch Meinhardt kennengelernt. Oft erzählte mir Bernhard Friedrich von ihm und meinte, daß dieser viel auf seine Kochehre hielt und im „Blutgericht", einer Gaststätte im Königsberger Schloß, eine deftige Küche kochte, wo er auch wegen seiner derben Sprüche bekannt und gefürchtet war. Einmal soll Meinhardt einem Stammgast, der ihn kritisiert hatte, bei dessen nächstem Besuch eine einprägsame Lehre erteilt haben.

Anläßlich eines Geschäftsabschlusses hatte der kritische Gast zwei Nürnberger Kaufleute zum Essen eingeladen und einen mit Kastanien gefüllten Truthahn bestellt. Denn der Koch Meinhardt war wegen seiner Truthahn-Spezialitäten berühmt, nachfolgende Rezepte beweisen es.

Jedenfalls hatte der Königsberger Großkaufmann beim letzten Besuch im „Blutgericht" etwas zu viel vom schweren Rotwein getrunken und den Küchenchef ermahnt, beim nächsten Besuch ihm und seinen Gästen einen wirklich frischen Truthahn zu servieren. Meinhardt tat dies auch – er briet einen ganz frisch geschlachteten Truthahn, ohne diesen abzuhängen…

Der Koch Meinhardt wohnte unweit der Grünen Brücke in Königsberg und ging auch sehr gern zu Kollegen essen und „quatschen". 1880 kam Meinhardt beim berühmten Küchenchef Escoffier im Grandhotel Monte Carlo als Entremetier (Gemüsekoch) zu Ehren und arbeitete kurze Zeit mit Escoffier zusammen im Londoner Savoy-Hotel. 1882 heiratete Meinhardt Ernestine Wolfen und kehrte mit ihr nach Königsberg zurück.

In der Nähe der Grünen Brücke bezogen sie eine gemütliche Wohnung, wo auch der junge Student Bernhard Friedrich aus Liegnitz eine Unterkunft mit Familienanschluß fand.

Wissenswertes vom Truthahn

Der Truthahn – auch Puter oder Welschhahn genannt – ist das größte Schlachtgeflügel, welches in unseren Breiten gehalten wird. Das Truthahnfleisch ist nicht nur sehr bekömmlich sondern auch von hohem ernährungsphysiologischen Wert.

Ursprünglich stammt der Truthahn aus Amerika, aber die Spanier brachten ihn nach Europa. In einem Jesuitenkloster wurde der große Küchenvogel gezüchtet. In Amerika lebt der Truthahn teilweise heute noch wild, wobei der gezüchtete stärker und größer ist, aber kürzere Beine hat. Bei guter Mast wird der Truthahn sehr schnell fett. In Frankreich mästet man Truthähne mit Walnüssen, wodurch das Geflügel sehr schmackhaft wird.

Aus den Aufzeichnungen von Meinhardt geht hervor, daß er entweder von einem Bauern aus Quednau (etwa 10 km vom Königsberger Schloß entfernt) oder vom Gut Ratshof seine herrlichen Puten bezog.

Regelmäßig fuhr er mit seiner Frau über Land, um Truthähne zu ordern. Die Besitzer von Gut Kalgen, Gut Spandienen und Beydritten waren sehr erpicht auf die Geschäfte mit dem Koch, denn sie wußten, daß er auch als Zwischenhändler für seine Fachkollegen in Berlin, Hamburg und sogar London auftrat.

Um die Weihnachtszeit wurde besonders in und um Königsberg in vielen Bürgerhäusern Truthahn auf die Familienspeisekarte gesetzt. Wenn der Truthahn auch nicht das feinste Geflügel ist, so ist er doch sehr schmackhaft. Er darf jedoch nicht älter als ein Jahr sein, wenn er einen saftigen Braten geben soll. Ältere Tiere eignen sich nur noch zum Dämpfen. Man erkennt einen jungen Truthahn an der weichen, feuchten, grundweißen Haut. Zeigt sich die Haut der Beine dagegen trocken, rötlich und hornartig, so ist das Tier älter.

Bernhard Friedrich, 1970

Noch beliebter als Truthahn wurde mehr und mehr das zartere Fleisch der Truthenne, obwohl das Fleisch des Hahnes dreierlei Fleisch aufweist, das mit Schwein-, Rind- und Kalbfleisch vergleichbar ist. Das beste Fleisch ist das weiße Brustfleisch, es ähnelt Kalbfleisch. Das Hals- und Seitenfleisch ist etwas fett und kann mit Schweinefleisch verglichen werden. Das Keulenfleisch ist bräunlich und ähnelt Rindfleisch.

Truthahngeflügel nie frisch geschlachtet verarbeiten! Erst, wenn es durch mehrtägiges, kühles Abhängen mürbe geworden ist, kann man es verwenden.

Man fülle die Truthenne mit viel Trüffeln oder Kastanien. Besonders leckere Vorspeisen lassen sich aus den großen fleischigen Flügeln zubereiten.

Meinhardt hatte etliche Zubereitungshinweise in seinen Aufzeichnungen festgehalten. So zum Beispiel, daß die Kalahari-Trüffel zwar nicht so geschmacksintensiv wie die aus Frankreich, aber viel preiswerter sind. Auch Händleradressen bis nach Kapstadt und Windhoek sind vermerkt.

Besonderes Augenmerk legte Meinhardt auf das Ziehen der Sehnen aus den Putenkeulen. Dies geht besonders leicht, wenn man die Rückseite der Beine von der Sohle bis zum ersten Gelenk aufschneidet und dann die freigelegten Sehnen mit einem Tuch einzeln herauszieht, was bei alten Tieren einen großen Kraftaufwand erfordert.

PUTENFLÜGEL NACH GUTSHERRENART
(Gut Kalgen um 1880)

4 Paar Putenflügel • 1 l Wasser • 1 TL Salz • 10 Pfefferkörner
100 g frische Champignons • 50 g Paniermehl • 1 EL mittelscharfer Senf • 50 g Butter • frische Petersilie • 1 Zitrone

☛ Die Putenflügel sauber putzen, in etwas Wasser mit Salz und Pfefferkörnern weich dämpfen und auf einem Abtropfgitter abkühlen. Die frischen Champignons ganz fein hacken und mit Paniermehl vermischen. Nun die ausgekühlten Flügel leicht salzen und mit Senf bestreichen.

Dann im Paniermehl-Champignon-Gemisch wenden. Das Gemisch schön fest andrücken, die panierten Putenflügel mit Butter beträufeln und auf einem Blech in der heißen Röhre bei 180 Grad backen. Mehrfach vorsichtig wenden. Auf einer Platte anrichten und mit frischer Petersilie und Zitronenscheiben garniert servieren.

GETRÜFFELTER TRUTHAHN
(Originalrezept nach W. Meinhardt, um 1920)

1 junger Truthahn (ca. 2 kg, ausgenommen)
400 g Trüffeln (TK-Ware) • 500 g Kalbfleisch (Hals)
500 g Schweinefleisch (etwas fett) • 4 Eigelb • Pfeffer • Salz
4 cl Madeira • 2 cl Cognac • 1 Putenleber (ca. 250 g) • 50 g Butter
150 g Speck • 1 l Geflügelbrühe • 50 g Mehl

☛ Den Truthahn rupfen und ausnehmen. Den Kopf beim Hals abschneiden, den Hals bis zum Rückgrat herausnehmen und dann von Gurgel und Kropf befreien.

Die Trüffeln reinigen oder wenn es gefrorene sind, diese im Kühlschrank auftauen lassen. Die Trüffeln teilen, die eine Hälfte ist für die Füllung und die andere Hälfte in grob geschnittenen Scheiben extra für das Truthahninnere. Die Trüffeln für die Füllung kleinschneiden und in eine Schüssel geben.

Das Kalbfleisch und das Schweinefleisch durch die feine Scheibe eines Fleischwolfs drehen und 4 Eigelb daran geben. Dann noch einmal alles durch die feine Scheibe des Fleischwolfs drehen. Die Masse mit Pfeffer, Salz, Madeira und Cognac vermengen, mit

Königsberger Universität

den Händen vorsichtig durcharbeiten. Kein elektrisches Handrührgerät verwenden, da dieses selbst mit Knethaken die Trüffel zerstören würde!

Die Putenleber in Würfel schneiden, in Butter anschwenken, bis sie leicht gebräunt sind. Mit etwas Madeira ablöschen. Die Fleischwürfel ebenfalls unter die Füllmasse geben.

Bevor man den Truthahn füllt, vorsichtig die Haut um die Brust lösen und die in grobe Scheiben geschnittenen restlichen Trüffeln darunter schieben, die ganze Brust sollte bedeckt sein. Die Füllung nun in die Hals- und Kopfhaut geben, den Rest in das Innere des Truthahns. Dann den Truthahn zunähen und mit feinem Speck umhüllen und in der auf 200 Grad vorgeheizten Röhre in Butter in einem Bräter anbraten. Die Garzeit beträgt etwa 1 bis 1½ Stunden. Je älter und je schwerer der Truthahn, um so länger ist die Garzeit in der Röhre. An den Keulen ist erkennbar, ob der Puter gar ist oder nicht! Läßt sich das Fleisch bis zum Knochen durchdrücken, ist der Truthahn gar. In der ausgeschalteten Röhre zum Warmhalten lassen.

Den Bratenfond mit etwas Geflügelbrühe (aus den Flügeln gekocht) verkochen. Oder Geflügelbrühe aus Instantpulver für den Bratenfond nehmen. Den Fond mit einem Wasser-Mehl-Gemisch andicken, vorsichtig mit Salz und Pfeffer würzen. Alles noch einmal aufkochen. Die Soße durch ein Sieb gießen und extra servieren.

Im „Königsberger Blutgericht" wurde der getrüffelte Truthahn immer mit Rotkraut und Salzkartoffeln serviert.

Die folgenden Rezepte sind wiederum originalgetreu vom Verfasser übernommen aus dem persönlichen Kochbuch Meinhardts, handgeschrieben um 1900.

TRUTHAHN MIT MARONENFÜLLUNG

☛ 2 kg Maronen werden gewaschen und kreuzweise eingeschnitten in einen Fritierkorb gegeben. Man lasse die Maronen 3 Minuten im siedenden Öl und gebe sie dann zum Abtropfen auf ein Gitter. Dann werden die Maronen geschält und in Fleischbrühe nochmals durchgekocht. Hier muß man aber aufpassen, daß die Maronen nicht zerfallen!

Aus einem Kilogramm mageren Schweinefleisch, welches man durch die feine Fleischwolfscheibe gedreht und nochmals durch ein Haarsieb gestrichen hat, bereitet man eine Füllung zu. Mit Salz und weißem Pfeffer, den Maronen und einer gebratenen Putenleber, welche man in kleine Würfel geschnitten hat, vollende man die Füllung, indem man alles vorsichtig durchknetet. Damit fülle man den Truthahn und umhülle ihn mit Speck. Truthahn mit Maronenfüllung wird dann wie der getrüffelte Truthahn weiterverarbeitet.

Herr Meinhardt empfiehlt hierzu Semmelknödel und Grünkohl.

Königsberg um 1915

In Königsberg wuchsen an verschiedenen Plätzen die Kastanienbäume mit den rötlichen Blüten, welche die eßbaren Kastanien bilden. Der Koch Meinhardt hat in seinen Aufzeichnungen diese Standorte festgehalten: Hochmeisterstraße, am neuen Pregelufer, Am faulen Graben, nahe der Schwimmanstalt (alter Pregelarm), unweit der Zellstoffabrik, gegenüber den Altstädtischen Wiesen.

Aus den Notizen des Kochs geht hervor, daß die Soldaten des Pionier-Bataillons Nr. 18 vom Kalthofer Übungsplatz ihm gern ganze Rucksäcke voller großer, brauner Kastanien (Maronen) ins Restaurant brachten und er immer wieder die nicht eßbaren aussortieren mußte.

Auch der Student Bernhard Friedrich sammelte, um sein Taschengeld aufzubessern, im Gebiet der Kneiphöfischen Wiesen die begehrten Herbstfrüchte.

GEDÄMPFTER PUTER
(nach Art vom Gutshof Beydritten bei Königsberg)

Originaltext

☛ Die Ofenröhre wird mit Ober- und Unterhitze auf 200 Grad vorgeheizt. Einen gebundenen, gebutterten und gesalzenen Truthahn legt man mit kleingeschnittenem Wurzelwerk, Möhre, Sellerie und Porreelauch sowie einigen Speckscheiben in einen Gänsebräter.

Dann brate man den Truthahn von allen Seiten an. Er sollte rundherum eine schöne braune Farbe haben. Mit Fleischbrühe wird er untergossen und im Ofen gargedämpft.

Inzwischen richtet man die Garnitur her, die aus kleinen Perlzwiebeln, glasierten Kastanien, angebratenen Champignonköpfen und kleinen Fingermöhrchen besteht. (Die Fingermöhrchen sollte man kurz abbürsten und waschen sowie kurz im kochenden Salzwasser bißfest garen.) Die Garnitur richtet man dann auf dem Teller mit an.

Wenn der Truthahn gar ist, tranchiert man diesen in Portionen und verteilt diese auf ein Backblech, welches man in die ausgeschaltete Röhre stellt.

Den Bratenfond füllt man mit Fleischbrühe und etwas Rotwein auf, läßt alles gut durchkochen und bindet mit Stärkemehl, welches man in Wasser angerührt hat, ab. Die Soße gibt man durch ein Haarsieb und läßt diese noch einmal aufkochen. Auf vorgewärmte Teller gibt man dann 2–3 Tranchen Putenfleisch, gibt etwas Soße darüber und die Garnitur an den Tellerrand.

Dazu empfiehlt Koch Meinhardt Knödel oder Spätzle.

TIP:

Meinhardt schwor darauf, Bratensoße mit Stärkemehl zu binden, denn dadurch wurde die Bratensoße schön glänzend. In seinen Aufzeichnungen ist immer wieder zu lesen, daß er Weizenmehl als Bindemittel ablehne.

GEFÜLLTE PUTENFLÜGEL NACH MEINHARDTS ART
(Königsberg um 1920)

Originaltext

☛ Eine Anzahl großer Flügel werden sauber geputzt und ausgebeint, ohne die Haut zu verletzen. Ferner bereitet man eine zarte Füllung aus mehrmals durchgedrehtem (feine Wolfscheibe!) Kalbfleisch zu. In diese Masse gibt man kleinwürflig geschnittene Trüffeln oder auch Steinpilze. Dann würzt man die Masse mit Salz und Pfeffer sowie etwas zerdrückten Knoblauchzehen.

Die Masse füllt man vorsichtig in die ausgebeinten Flügel und näht diese an den Enden zu. Diese gefüllten Flügel bestreut man mit Salz und bratet sie in Butter schön braun, dann gibt man diese in eine Kasserolle und dämpft sie.

Dazu werden einige Stückchen Speck und 2 Tomaten gegeben, mit etwas Fleischbrühe wird aufgegossen. Die Flügel werden ausgehoben und in der Herdbackröhre heiß gestellt. Den Fond verkocht man mit einem Glas guten Rotwein und etwas Bratensoße.

Dann gieße man alles durch ein Tuch oder Sieb, lasse es nochmals gut einkochen und entfette die Soße.

Die Flügel richtet man im Reisrand an und gebe einen kleinen Teil der Soße darüber. Den Hauptteil der Soße serviert man gesondert.

TIP:

Der erfahrene Koch hat immer etwas Bratensoße vorrätig, aber beim heutigen Stand der Küchen-Halbfabrikate ist etwas Bratensoße auch schnell aus Instantpulver hergestellt.

Das oben beschriebene Rezept fand sich auch in den Aufzeichnungen der Mariechen Teichgräber aus Waldheim, Obermarkt 27. Sie hatte dieses Rezept von einem Koch aus dem Hotel Bismarck in Königsberg bekommen.

Rezepte der Familie Lube aus Königsberg

Friedrich G. Hermann Lube um 1850

Ein Echo auf meine Anzeige im „Ostpreußenblatt" erreichte mich auch aus Dresden. Otto Lube trug mit umfangreichem historischem Bildmaterial zu Ostpreußen in hohem Maße zur Gestaltung dieses Buches bei. Darüber hinaus entstand dieser Beitrag mit Rezepten der Familie Lube selbst, die seit dem späten 18. Jahrhundert in Ostpreußen, vorwiegend in Königsberg lebte.

Die Familie Lube kann stolz auf eine lange Ahnenreihe blicken. Im Laufe der Jahrzehnte veränderte sich das Lebensumfeld der Familie. Siedelten sie sich zunächst in der Berliner Gegend an, zogen sie später weiter Richtung Ostpreußen und Schlesien. Ein kurzer Einblick in die Familiengeschichte der Lubes zeigt diese „Wanderschaft", die diese Familie wie viele andere auch im 18. Jahrhundert nach Osten führte.

Der Leineweber Gottfried Lube und seine Frau Ursula, geborene Klips, aus Oderberg, wurden am 8. September 1687

Auszug aus dem Taufregister

der evangelischen Pfarrkirche – in Deutsch Wilten

Jahrgang 1824 Seite – Nr. N. 8

Täufling:	Zu- und Vornamen: Rosengarth, Ernestine, Wilhelmine, Caroline geboren am 19. März 1824 zu Gresmark getauft am 4. April 1824
Eltern:	**Vater** Vor- und Zunamen: Michael Rosengarth Stand: Gutsbesitzer Wohnort: Gresmark Bekenntnis: – **Mutter** Geburts- und Vornamen: Trosien, Elisabeth Bekenntnis: –
Sonstige für die Abstammung wichtige Angaben:	Angabe über den Erzeuger eines unehelichen Kindes, Paten, die als Verwandte des Täuflings erkennbar sind, usw. Taufzeugen: Charlotte Rosengarth, Talskeim Baron v. d. Trenck – Fräulein Ottilie v. Räuther Frau Hauptmann v. Räuther auf Sporwitten

Deutsch Wilten, den 1. März 1937

Kirchensiegel Dt. Wilten

Unterschrift: i. V. Schinkewitz

Gebühr 0,60 RM
~~Gebührenfrei~~
(Nichtzutreffendes ist zu durchstreichen.)

1. Druck Albert Mewes Nachf. Rügenwalde

Auszug aus dem Taufregister der Gemeinde Deutsch Wilten

Karl und Elise Lube, um 1890

Berliner Bürger mit allen Rechten. Georg Heinrich Lube war Zeugweber und Fabrikant ebenfalls in Berlin (1693–1773).

Georg Wilhelm Lube, ein Zeugfabrikant und Kaufmann, heiratete 1758 die Tochter des königlichen Hofmaurermeisters Ch. August Naumann.

1837 stirbt in Königsberg in Preußen der Stadtkämmerer von Königsberg Carl Georg Lube.

Friedrich G. Hermann Lube (1820–1872) ging als Pächter der Domäne Gauleden in Ostpreußen in die Familiengeschichte ein. Er heiratete am 2. Oktober 1844 in Deutsch Wilten/Ostpreußen die 20jährige Wilhelmine Ernestine Caroline Rosengarth. Wilhelmine, Tochter des Gutsbesitzers Michael Rosengarth in Grasmark/Ostpreußen, legte den Grundstein für das Sammeln von Kochrezepten.

Margarete Lube, eine Nichte der Wilhelmine Lube. Das Foto stammt aus dem bekannten Atelier für Photographie Julius Mey, Königsberg

Wilhemine Ernestine Caroline Lube, geborene Rosengarth (1824–1907)

DIE GRÜNE SUPPE
(nach einem alten Familienrezept, Originaltext)

☛ 2 Liter Wasser setzt man mit einem Suppenteller voll klein geschnittenen Suppenwurzeln und einer großen Stange Porree zu Feuer.

Das alles kocht man eine gute Stunde und entfernt dann die Suppenwurzeln, die man fein wiegt und mit drei Eßlöffel voll gehacktem Spinat, etwas gewiegtem Sauerampfer, Schnittlauch, Kerbel und jungem Kopfsalat mischt und in die Brühe zurückgibt.

Dann rühre man drei Eßlöffel Stärkemehl in etwas kaltem Wasser an und binde damit die leicht köchelnde Suppe.

Abschmecken sollte man die grüne Suppe mit Pfeffer und Muskat! Man rühre Eigelb in Milch und legiere damit die Suppe.

Kleine geröstete Brotwürfel gibt man in eine Suppenschüssel und gieße die heiße Suppe darüber. Zuletzt gibt man an die Suppe zwecks Verfeinerung etwas Butter.

DILLGURKEN EINLEGEN

Das Originalblatt der nachstehenden Rezeptur befindet sich im Privatbesitz von Otto Lube. Das Rezept entstand um 1900, es ist eines von vielen überlieferten Familienrezepten.

☛ Die Gurken müssen 24 Stunden wässern, dann an beiden Enden mit der Gabel gestochen werden (4 Stiche an einer Gurke). Man kocht Wasser auf mit Salz. Man nehme auf einen Liter Wasser 50 g Salz.

Die Gurken werden schichtweise mit Dill, Weinblättern und Sauerkirschblättern dazwischen in einen Steintopf gelegt. Dann gieße man das erkaltete Salzwasser darüber.

Nach erfolgter Gärung (8–10 Tage später) werden die Gurken mit Tellern und diese mit Steinen beschwert und dann das Faß zugebunden.

Ein Gurkenfaß muß gänzlich zugebunden werden, denn dann hält es sich sehr lange!

Wenn sich die Gurken in Töpfen nicht lange halten sollten, streut man etwas Salizilpulver darauf.

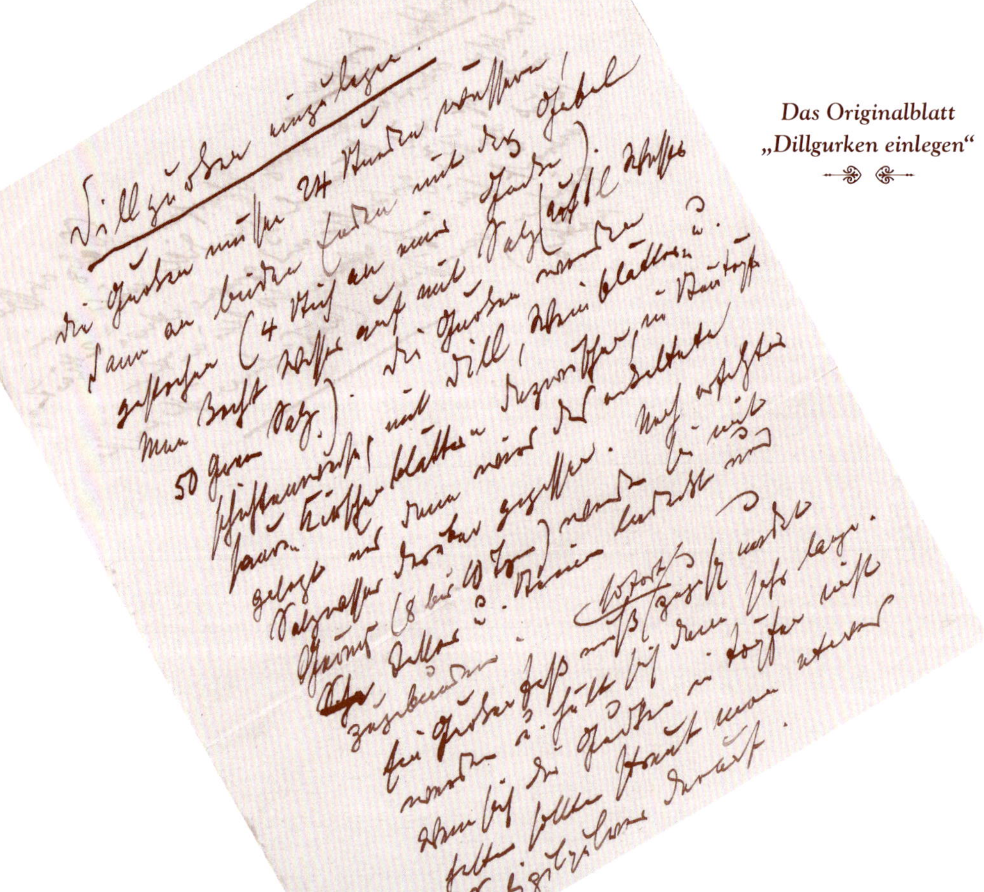

Das Originalblatt „Dillgurken einlegen“

Die Familie Gustav Emil Lube

OSTPREUSSISCHE LEBER- UND BLUTWURST

Originaltext

☛ Man kauft einen Schweinskopf von etwa 10 Pfund, dazu 5 Pfund fettes Fleisch vom Schweinebauch, 2 Schweinezungen, 1 Herz und eine Lunge.

Zur Leberwurst hackt man 3 Pfund Schweineleber so fein, daß sich diese mühelos durch ein Haarsieb streichen läßt. Dann begieße man die Leber mit ½ l kochendem Fett und thut, nachdem dieses gut durchgerührt, das fette Fleisch in Würfel geschnitten, das restliche Fleisch nebst Zutaten dazu.

Für 10 Pfennig geriebene Semmel (in Wasser einweichen) mit 6–8 mittelgroßen feingehackten Zwiebeln, etwas kochende Fleischbrühe dazu und gut verrühren.

Folgende Gewürze gebe man hinzu: Salz, Zucker, Nelken, schwarzer Pfeffer, Thymian, Majoran. Nachdem alles kräftig vermischt ist und hierzu soll man seine Hände

gebrauchen, füllt man den Darm bis zur reichlichen Hälfte und binde diesen gut und fest zu. Dann lasse man die Wurst eine gute Stunde auf leichtem Feuer brühen.

Zur Blutwurst nehme man nur mageres Fleisch. Das Blut mit etwas Fleischbrühe verdünnt und mit den Gewürzen vermischt, welche man zur Leberwurst auch verwendet.

27. August, 1834 gezeichnet Lube

APFELSCHAUM

☛ Zu 6 großen schönen Äpfeln nimmt man ½ Pfd. Zucker, 12 Blättchen Gelatine (rot oder weiß) den Saft von einer Zitrone und ein paar Spritzer Rum.

Die Äpfel schält man, setzt sie mit etwas Zitronenschale und ein wenig Wasser auf's Feuer, kocht sie weich und streicht sie durch ein Haarsieb in eine tiefe Schüssel. Man fügt Zucker hinzu, den Saft der Zitrone und in warmem Wasser gelöste Gelatine hinzu, schlägt dies, nachdem es lauwarm geworden ist, mit einem Schlagbesen, bis der Apfelschaum locker und leicht geworden ist.

Am Ende gebe man vorsichtig etwas Rum darunter und fülle den Apfelschaum in eine Porzellanschüssel und stelle diese für mehrere Stunden in den Kühlschrank, wo der Apfelschaum erstarrt.

Man kann auch eine Vanillecreme oder festgeschlagene Schlagsahne dazugeben.

VANILLESOSSE ZUM APFELSCHAUM

☛ Einen viertel Liter Milch verkocht man mit etwas Zucker und dem Mark einer Vanilleschote. Die Vanilleschote schneide man längs auf und kratze das Mark aus der Schote. Man kann auch Vanillezucker nehmen, allerdings ist das Aroma dann nicht so, wie bei Verwendung von einer Vanilleschote.

In die kochende Milch rühre man einen Teelöffel Kartoffelmehl ein und lasse alles aufkochen. Etwas zerriebene bittere Mandel erhöht den feinen Geschmack. Nachdem die Milch etwas abgekühlt ist und durch ein Sieb gegossen wurde, gebe man 2 zerquirlte Eigelb dazu.

Die Vanillesoße wird zum Erkalten beiseite gestellt und vor dem Servieren gut durchgeschlagen.

Apfelschaum:

Zu 6 grossen, schönen Aepfeln nimmt man ½ Pf Zucker, 12 Blättchen Gelatine (rot oder weiss) den Saft von 1 Citrone und etwas Rum.

Die Aepfel schält man, setzt sie mit etwas Citronenschale und ein wenig Wasser auf's Feuer, kocht sie weich und streicht sie durch ein Sieb in eine tiefe Schüssel. Man fügt den Zucker, den Saft der Citrone und die in warm Wasser gelöste Gelatine hinzu, schlägt dies, nachdem es lauwarm geworden ist, mit einer Schneerute, bis es sehr locker und dick geworden ist, mischt zuletzt etwas Rum darunter, füllt den Apfelschaum in eine Schüssel und lässt ihn an einem kalten Ort erstarren. Eine Vanillesauce oder Schlagsahne dazu.

KÖNIGSBERGER MARZIPAN

☛ 1 Pfund süße Mandeln wird fein gerieben, dann mit einem Pfund Puderzucker vermengt und mit 4 Eßlöffel Rosenwasser beträufelt.

Diese Masse knetet man dann so lange, bis diese sich rollen läßt. Mit einer runden Ausstechform werden runde, zwei Messerrücken dicke Platten ausgestochen. Die Oberfläche wird mit zerquirltem Eigelb bestrichen. Auf diese Platten legt man die Marzipanwalzen, welche man ebenfalls aus der Masse geformt hat.

Mit einer Gabel oder einer Nadel kann man schöne phantasievolle Ornamente auf die weiche Marzipanmasse aufbringen. An einem kalten Ort lasse man dann alles schön ruhen und kann es nach ein oder zwei Tagen verzehren.

In einer Randbemerkung wird darauf hingewiesen, daß Rosenwasser aus Bulgarien das Beste sei.

Eine andere Ansicht vom Schloßteich. Ansichtskarte von 1900.

Königsberg, um 1930

SANDKUCHEN NACH FAMILIE LUBE

Nach diesem Rezept wird der Sandkuchen schon immer bei Lubes gebacken.

1 Pfund Zucker • 1 Pfund Butter • 1 Pfund Kartoffelmehl • 6 Eier
1 EL Rum • ½ Pfund Schlagsahne

☛ Zunächst die Butter zu Schaum rühren, dann löffelweise Mehl und Zucker darunter geben sowie den Rum und das Eigelb. Diese Masse eine gute Stunde rühren oder heute 5 Minuten mit dem elektrischen Handrührgerät.

Danach die steifgeschlagene Schlagsahne darunter geben. In eine gut ausgebutterte und mit Semmelbrösel ausgestreute Kastenform füllen und bei gut 200 Grad Ober- und Unterhitze eine gute Stunde backen. Mit reichlich Puderzucker bestreut servieren.

KÖNIGSBERGER KLOPSE NACH ART DER FAMILIE LUBE (um 1840)

Originaltext

☛ Auf ¾ Pfund Schweinefleisch und 1/4 Pfund Rindfleisch nehme man 125 g Reibebrot, letzteres wird in Wasser eingeweicht. Eine geriebene Zwiebel, 4 gekochte, zerquetschte Kartoffeln und 2 Eier, wobei man das Eiklar trennt und fest schlägt. Das Eigelb heben wir auf!

Dann gibt man noch Salz und Pfeffer hinzu und knetet alles zu einem geschmeidigen Brei. Man forme Klopse und lasse sie in nachfolgender Brühe garziehen. Zur Soße setze man Fleischknochen an und gebe zu diesen reichlich Gewürz und Zwiebel. Die Brühe lasse man etwa eine gute Stunde köcheln.

Dann gebe man die Klopse hinein und ziehe diese eine viertel Stunde gar. Die Klopse fischt man aus der Brühe und stelle sie warm!

Etwas Mehl wird in saurer Sahne angerührt und in die siedende Brühe gerührt. Zur Verfeinerung wird ein kleines Stück Butter, gehackte Kapern und etwas Zitronensaft dazu gegeben. Zuletzt wird das Eigelb in die nicht mehr kochende Soße gegeben.

KÖNIGSBERGER KLOPSE (nach Familienrezept der Lubes – moderne Fassung)

500 g Schweinefleisch • 500 g Rindfleisch • 2 altbackene Brötchen
1 Zwiebel • 1 Ei • Salz nach Geschmack
1 EL geriebenen Käse (nach Belieben)

Tunke:
2 EL Fett • 2 EL Mehl • ½ l Klopsbrühe • etwas Zitronensaft
1 Eigelb zum Legieren • 1 EL Kapern

☛ Aus den angegebenen Zutaten eine Fleischmasse bereiten. Klopse formen und in kochendem Salzwasser gar werden lassen. Eine helle Mehlschwitze herstellen, pikant abschmecken und beim Anrichten die Klopse in diese Tunke geben.

SCHMANDSCHINKEN ZUM FRÜHSTÜCK

☛ Saure Sahne koche man mit etwas Kartoffelmehl auf und gebe ein großes Stück Butter hinein, streue eine Prise Salz darauf und gebe in den warmen Fladen angebratene Schinkenwürfel.

Für den Leser aktualisiert:
150 g saure Sahne • 25 g Kartoffelmehl • 50 g Butter
50 g Kochschinken • 1 Prise Salz • Öl zum Braten

☛ Die saure Sahne und das Kartoffelmehl in eine Schüssel geben und zu einem Brei vermischen. Dazu die Butter und das Salz geben.

In einem Topf diese Masse erhitzen. Mit einem Holzlöffel ab und zu umrühren, um zu verhindern, daß die Masse am Boden anhaftet. Wenn sich der Teig zu einer Kugel geformt hat, ist das Ziel des „Abbrennen" erreicht.

Schinken würfeln und mit etwas Öl in einer Pfanne gut ausbraten.

Auf ein mit Backpapier ausgelegtes Backblech die Teigfladen legen. In die Mitte der Fladen den Schinken geben, auch das flüssige Bratfett auf die Fladen verteilen. Jetzt alles bei ca. 100 Grad Ober- und Unterhitze etwa 15 Minuten erwärmen.

Das Kochbuch, nun seit über 175 Jahren im Familienbesitz der Lubes, wurde von Emma Kubiessa „übersetzt". Sie ist 1921 in Wolla/Ostpreußen geboren und 1945 vor der anrückenden Sowjetarmee geflohen. Heute wohnt sie in Thüringen.

Küchenmeister Karl-Eduard Frick (1893–1944)

Karl-Eduard Frick (mit der Kaffeekanne in der Hand) und seine Berufsschulkollegen im Garten beim sonntäglichen Plausch. Der kleine Garten befand sich an der Sackheimer Bürgerwiese. (Aufnahme um 1935)

Auf meinen im Frühjahr 1999 im „Ostpreußenblatt" erschienenen Artikel schrieb mir ein Herr Wenig aus Leipzig. Er lud mich nach Leipzig ein, um mir einige Dokumente und Unterlagen zu zeigen. Seine Frau Edith, 1931 in Königsberg geboren, hatte einen in der Kochkunst bewanderten Großvater.

Küchenmeister Karl-Eduard Frick war in Königsberg an einer Berufsschule tätig, wo er zukünftige Köche ausbildete. Er starb durch eine englische Fliegerbombe, als er für seine Familie 1944 auf Hamsterfahrt in der Königsberger Umgebung war. Frau Frick suchte ihren Mann lange. Sie fand schließlich seine sterblichen Überreste in der Nähe vom Mühlenhof, etwa einen Kilometer vom Viehmarkt entfernt, wo die Fricks in einer kleinen Dachwohnung mit ihren drei Kindern wohnten.

Vorbei waren die gemeinsamen Spaziergänge an den nahen alten Pregelarm und die lustigen Kaffeenachmittage im Garten der Familie, wo Karl-Eduard Frick

Die ostpreußische Familie

Lewe Landslied,

„Eete on Drinke hölt Liew on Seele tosoame!" Das alte Sprichwort gilt noch immer und braucht sich – in unserm guten alten Platt geschrieben – durch keine Rechtschreibreform mißhandeln zu lassen. Und um „Eete on Drinke" geht es auch heute bei unserm ersten Wunsch. Küchenmeister Harald Saul aus Gera ist bekannt für seine historischen Kulinarien: Kochbücher aus einer bestimmten Region mit Rezepten, Anekdoten und Geschichten aus der heimischen Küche wie „Das Ostersteinkochbuch", in dem er über die reußische Hofküche plaudert. In seinem Archiv hat der Küchenmeister 8000 Rezepte zusammengetragen, auch ostpreußische, denn sein Schwiegervater Horst Ehlert stammt aus dem Kreis Schloßberg/Pillkallen. Und dazu sammelte er Aufzeichnungen und Fotos, soweit es ihm möglich war, denn in der damaligen DDR war ja Ostpreußen ein Tabuthema.

Nun möchte Harald Saul seine Kochbuchreihe um einen Ostpreußenband erweitern und bittet daher um uralte Familienrezepte, Fotos und erlebte oder überlieferte Geschichten über „Eete on Drinke". Daß es da köstliche Anekdoten gibt, weiß ich aus vielen Zuschriften an unsere Familie, und einige habe ich ja in unsern „Familienbüchern" festgehalten. Aber es werden sich wohl noch viel mehr kulinarische Erinnerungen finden lassen und Familienrezepte, die kaum bekannt sind. Wer Herrn Saul in seinem Vorhaben unterstützten will, schreibe ihm. Aber bitte keine bekannten Kochbücher zusenden wie das „Doennigsche", Standardwerk der ostpreußischen Küche bis heute, oder „Von Beetenbartsch bis Schmandschinken", es müssen eben ganz persönliche Aufzeichnungen sein. (Küchenmeister Harald Saul, Thränitzer Straße 6 in 07546 Gera-Pforten.)

oft mit seinen Berufskollegen am Sonntagnachmittag saß. Niemand konnte mehr die dröhnende Stimme des „Schulmeisters" hören, der für seine laute und kräftige Aussprache stadtbekannt war.

Edith Wenig schilderte ihren Großvater, einen beliebten Lehrer und Küchenmeister, als strengen, aber sehr gerechten Mann. Lehrlingen, deren Eltern nicht viel Geld hatten, schenkte er Kochmesser für gut ausgefallene Abschlußarbeiten. Mit seinen Schülern fuhr er sogar oft zu Kochausscheiden und Kochausstellungen im gesamten deutschen Reich.

Der Küchenmeister war nicht nur Mitglied der Köche-Gaumannschaft Ostpreußen, mit Sitz in Königsberg, sondern arbeitete sehr aktiv im Verband des Deutschen Reichsnährstandes und im Deutschen Kochverband. Edith Wenig erzählte mit solcher Lebendigkeit, daß vor den Augen und Ohren der Zuhörer der Berufsschulalltag an der gewerblichen Schule der Stadt Königsberg, die sich nicht weit vom Steindamm befand, ganz plastisch wurde.

Ein Steckenpferd des Lehrers Frick, der sein absolutes Vorbild im großen Escoffier sah, waren die technischen und fremdsprachlichen Ausdrücke in der Küche. Denn wer weiß heute noch, was „Escalopieren" (in kleine Schnitzel schneiden) heißt oder daß eine Bol-Form eine englische Puddingform ist.

Die 7. Internationale Kochkunst-Ausstellung in Frankfurt am Main (9.–20.10.1937)

Auf dieser Ausstellung stand die Großküchentechnik besonders im Blickpunkt und das Zusammenspiel von Koch und Großküchentechnik, aber auch die Ernährungswissenschaft und Verbrauchslenkung. Riesige Schauvitrinen zeigten Geräte für den Hotel- und Gaststättenbedarf. In der Halle 6 war die Gaumannschaft Ostpreußen untergebracht. Acht Kochmannschaften kochten um die Wette. Sämtliche Küchen waren mit Verkostungsräumen versehen. Schön gedeckte Tische und festlich geschmückte Tafeln luden zur Verkostung. Eine große Küchenplatten- und Fleischerschau wurde präsentiert. Man konnte sich außerdem einen Überblick über die moderne Krankenhauskost verschaffen und die moderne Fischküche bestaunen.

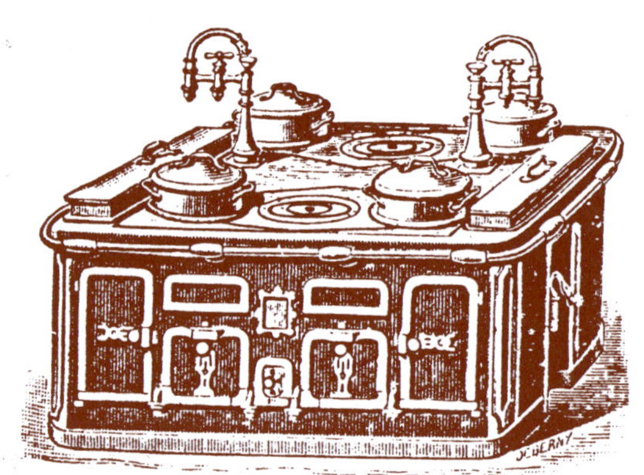

9.-20. Oktober
1937
jka
7. JNTERNATIONALE
KOCHKUNST-AUSSTELLUNG
FRANKFURT A/M.
FESTHALLENGELÄNDE

Rezepte für Ostpreußische Gerichte, die am Stand der Gaumannschaft Ostpreußen bei der Kochausstellung zubereitet wurden

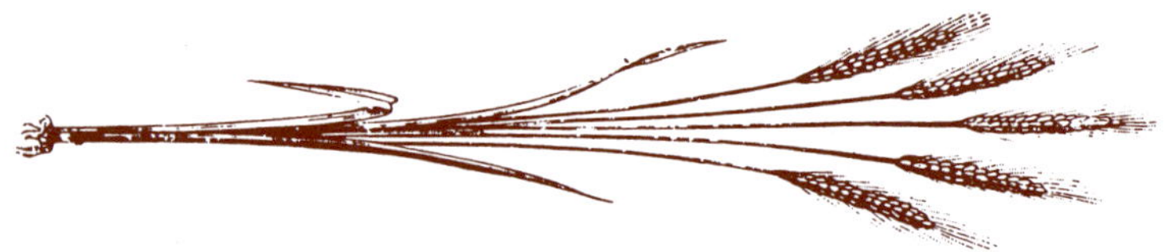

Kurzbeschreibungen der Speisen

OSTPREUSSISCHES BAUERNFRÜHSTÜCK:

☛ besteht aus Bratkartoffeln, Eiern und Speck, in Omelettform angerichtet.

BUTTERFISCHE:

☛ Aal, Hechte, Zander, Barsche werden mit viel Gemüse gekocht und die Brühe wird mit süßer Sahne und Mehl gebunden. Vor dem Anrichten wird die Suppe mit reichlich frischer Butter abgeschmeckt.

WILDSCHWEINKEULE MIT JOHANNISBEERGELEE:

☛ Die Keule wird in passende Stücke geschnitten, in der Röhre mit Wacholderbeeren gebraten und in einer Sahnesoße gereicht.

Vor dem Anrichten garniert man den Braten mit Johannisbeergelee auf Apfelsinenscheiben.

KÖNIGSBERGER KLOPSE:

☛ Gewolftes Schweine- und Rindfleisch wird mit Salz und Pfeffer sowie Ei geknetet, zu runden Klößen geformt. In einem Fond aus Salz-Essig-Wasser werden diese dann abgekocht. Die Brühe wird mit Mehl und saurer Sahne gebunden und mit Ei und frischer Butter legiert. Vor dem Anrichten gibt man Kapern in die Tunke.

KAULBARSCHSUPPE:

☛ Kaulbarsche werden wie Fleischbrühe, mit Petersilie und Selleriewurzel, angesetzt, danach wird die Brühe passiert und wie jede andere legierte Suppe behandelt.

Das Fleisch der Kaulbarsche nimmt man als Einlage.

OSTSEEDORSCHFILET IN WEISSWEIN:

☛ Die Fischfilets werden in Scheiben geschnitten, mariniert in der Herdröhre mit etwas Weißwein gegart und mit Weißweintunke gereicht.

Eine besonders begehrte Köstlichkeit auf der Kochausstellung waren die Heilsberger Kartoffelkeilchen. An jedem Tag der Ausstellung wurden sie zu Tausenden verkauft. Ständig hing der Duft von frisch gebratenen Kartoffelkeilchen über dem Stand der Ostpreußischen Mannschaft.

HEILSBERGER KARTOFFELKEILCHEN MIT SPECK UND ZWIEBELN:

☛ Je zur Hälfte rohe und gekochte Kartoffeln werden gerieben und zu einem festen Teig geknetet. Dann forme man diese zu kleinen, flachen Klößchen und lasse sie im Salzwasser gar ziehen. Man reicht dazu gebratenen kleingeschnittenen Räucherspeck und scharf geröstete Zwiebelscheiben.

SCHWEINESAUERBRATEN MIT RÖSTKARTOFFELN:

☛ Frischer Schweinebraten wird in bratfertige Stücke geschnitten und 3 Tage in Essig mariniert. Die Stücke brät man in einem Bräter, welchen man in die vorgeheizte Röhre gibt. Man sollte sparsam angießen und nach einer guten Stunde den Braten herausnehmen und warm stellen.

Den entstandenen Bratenfond vollende man mit reichlich Sultaninen und binde mit etwas frischer Butter. Hierzu reiche man gut gewürzte Röstkartoffeln.

RINDERFLECKEN NACH OSTPREUSSEN-ART:

☛ Gesäuberte, in Würfel geschnittene Rindermagen werden mehrmals gewaschen und überbrüht, mit viel, in kleine Würfel geschnittenem Wurzelwerk angesetzt. Lang-

sam weich ziehen lassen, mit Salz und weißem Pfeffer abschmecken und mit einer Prise geriebenem Majoran im Suppenteller anrichten.

ROTE RÜBENSUPPE NACH OSTPREUSSEN-ART:

☛ Die roten Rüben werden gereinigt, weich gekocht, abgezogen und gerieben. (Man kann sie auch durch die feine Scheibe des Fleischwolfs geben.) Dann mit einer Fleischbrühe auffüllen und alles mit saurer Sahne und Weizenmehl binden.

Gewürfeltes Rindfleisch dient als Einlage.

MASURISCHER PFLÜCKHECHT:

☛ Der Hecht wird entgrätet, in nicht zu große Stücke geschnitten, schichtweise mit Sauerkraut und saurer Sahne in einem geschlossenen Topf gar ziehen lassen.

Man gebe dazu Kartoffelbrei.

KASSELERBAUCH MIT KARTOFFELBREI UND WEINKRAUT:

☛ Gespritztes und geräuchertes Bauchstück wird gerollt, gebraten oder gekocht und mit Kartoffelbrei und Weinkraut (Sauerkraut) gereicht.

GEDÄMPFTE SCHWEINSKARBONADE:

☛ In Scheiben geschnittener Schweinerücken wird gedämpft und mit weißer Zwiebeltunke gereicht.

ELCHKEULE IN SAHNE MIT GEMISCHTEN FRÜCHTEN:

☛ Die Elchkeule wird in passende Stücke geschnitten, 3 Tage in Buttermilch gelegt, mit Speck gespickt, im Ofen schön knusprig gebraten.

Nach ein bis zwei Stunden ist die Elchkeule gut und wird warm gestellt. Aus dem Bratfond stellt man mit Schlagsahne und Weizenmehl eine sämige Soße her.

Hierzu gibt man warme Früchte. Kirschen, Apfelspalten sowie Spalten von Birnen koche man kurz in Zuckerwasser auf.

Oft unternahm Lehrer Frick Schulausflüge mit seinen Schülern in die Umgebung von Königsberg, das Gebiet um den Fuchsberg oder die Caporner Heide. Im Foto ein Schulausflug über das Frische Haff im Sommer 1930.

„Elchkeule in Sahne" wurde ebenfalls besonders oft verlangt und zubereitet. Man verwendete hierzu eingekochtes Obst, welches extra für die Frankfurter Kochkunstausstellung im Sommer 1937 eingekocht wurde. Edith Wenig zeigte mir ein Glas dieser Früchte, das sie aufbewahrt hatte. Staunend betrachtete ich das Glas eingemachtes Obst, das schon eine so weite Reise hinter sich hatte.

Edith Wenig erzählte vom Umzug der Familie Frick im Dezember 1944. Die nunmehr verwitwete Frau des Lehrers Frick nahm das Angebot einer alten Großtante aus Leipzig an, deren Mann am selben Tag nach langer Krankheit gestorben war, als Karl-Eduard Frick von der englischen Fliegerbombe getroffen wurde.

Für die drei Töchter, die damals 17, 19 und 21 Jahre zählten, war es nicht einfach aus der Heimat wegzugehen. Besonders schwer fiel die Trennung von ihrer ältesten Schwester, die schon selbst zwei Kinder hatte und in Königsberg blieb. Die junge Familie zog in die Wohnung der Mutter. Den Eltern von Edith Wenig gelang es, noch vor der großen Fluchtbewegung 1945 nach Leipzig zu kommen. Viele Erinnerungen an die Großeltern leben weiter, Fotoalben und wertvolle Fach- und Lehrbücher werden auch an die Enkel übergehen.

Die praktische Prüfung der Kochlehrlinge im Restaurant Zoologischer Garten in Berlin am 27. September 1933

(aus den Unterlagen des Küchenmeisters Frick für den Berufspraktischen Unterricht für angehende Köche)

Küchenmeister Frick wurde oft zu Prüfungen in Berlin und Dresden eingesetzt. Seine Aufzeichnungen, die seine Enkelin bewahrte, enthielten auch eine zusammenfassende Darstellung zum Ablauf solch einer Prüfung.

Anläßlich des 25jährigen Jubiläums des Prüfungs- und Bildungsausschußes für das Gastgewerbe der Stadtgemeinde Berlin hatte man neue Kochtöpfe gekauft und war sehr stolz auf die neue Kupferbatterie (eine festgelegte Anzahl von Kupfertöpfen und Pfannen).

44 Kochlehrlinge sollten diesmal geprüft werden. Gespeist wurde an runden Tischen zu 10–12 Personen. Serviert wurde von 24 Kellnerlehrlingen, die auch an diesem Tag ihre Abschlußprüfung ablegten.

Die Prüflinge fanden sich morgens in der Prüfungsküche ein, wo jeder Kochlehrling seine Aufgabe erhielt. Um über die Prüfungsaufgaben Klarheit zu erhalten, war der in der Küche ausgehängte (auf der nächsten Seite abgedruckte) Arbeitsplan zu studieren. Dieser Plan enthielt 15 verschiedene Prüfungsmenüs. An jedem Menü arbeiteten drei Kochlehrlinge.

Jeder Kochlehrling mußte zunächst für sein Menü das benötigte Material berechnen und seinen Bedarf der Prüfungskommission schriftlich überreichen.

Die von der Prüfungskommission schon vorher ermittelten Lebensmittelmengen befanden sich bereits an den Arbeitsplätzen. Während der Arbeit standen je drei Prüflinge unter der Aufsicht eines ihnen bestimmten Prüfungsmeisters.

Für 19 Uhr waren die Servicearbeiten angesetzt, die Kellnerprüflinge hatten am Tage schon die runden Tische im Gartensaal des Zoorestaurants für je 10 Personen eingedeckt. In den Nachmittagsstunden wurden die Kellnerprüflinge vom Prüfungsleiter Herrn Koch, einem persönlichen Freund des von Karl-Eduard Frick, in service-technischen Dingen abgefragt.

Als die Servicezeit herangekommen war, bat man die Gäste zu Tisch, ein Klingelzeichen ertönte. Der Service begann, an allen Tischen wurde gleichzeitig serviert, abserviert und der immer nachfolgende Gang gereicht.

Es mundete an diesem Tag allen Gästen ausgezeichnet und den Prüfungs-

Speisen-folge	Tisch Nr.	Koch-lehr-ling Nr.	7 Uhr für 10 Personen	Koch-lehr-ling Nr.	7,20 Uhr für 10 Personen	Koch-lehr-ling Nr.	7,40 Uhr für 10 Personen	Koch-lehr-ling Nr.	8 Uhr für 10 Personen	Koch-lehr-ling Nr.	8,20 Uhr für 10 Personen
1	1	1	Krebsschwänze und Muscheln in Dill, im Reisrand	3	Hühnercrèmesuppe	3	Seezungenschnitten nach Florenzer Art	2	Rehrücken nach Carmen	1	Birnen nach der schönen Helene
2	3	4	Tomatensuppe	6	Seezungenröllchen auf Artischockenböden und Krebsschwänzen	5	Damwildrücken nach Jäger-Art (Champignons, Steinpilze, Kroketten)	4	Haselnuß-Eis-Auflauf mit feinem Gebäck	6	Käsestangen
3	5	7	Timbale von Krebsschwänzen	9	Kalbskopfsuppe	9	Schleie blau, mit Schaumbutter und Schwenkkartoffeln	8	Junge Rebhühner nach Straßburger Art	7	Pfirsich Melba
4	7	13	Kalte Forelle Rothschild	14	Hühnerkraftbrühe mit Eierstich	12	Kalbsmilch in Weißwein mit feinem Ragout und Risotto	14	Gedämpfte Rinderspitze auf moderne Art	12	Apfelkrapfen mit Aprikosensauce
5	9	22	Kalter Rheinlachs mit Krebsschwänzen, gefüllten Tomaten und Kräutersauce	21	Ochsenschwanzsuppe	23	Brüsseler Poularde Mascotte	21	Auflaufkrapfen mit Weinschaum	23	Käsegebäck
6	11	15	Schwedische Vorspeisen	10	Kraftbrühe mit Markklößchen	11	Rotzungenschnitte Orly	10	Junge Hamburger Gans, Rotkohl, gefüllte Aepfel, Kartoffelbrei	11	Karamelcrème
7	13	30	Hühnerbrüstchen Jeannette	29	Schotensuppe Rigoletto	30	Zanderschnitte nach Hausfrauen-Art	29	Gespicktes Rinderfilet, Madeirasauce mit Gemüsen umlegt, Massenettkartoffeln	31	Bombe Marie Luise
8	15	44	Mayonnaise von Rheinlachs	17	Windsorsuppe (braun)	36	Omelett mit Hühnerlebern und Champignons	17	Kalbsrücken Orloff, Junge Erbsen, Annakartoffeln	36	Ananas „Georgette“
9	17	27	Krebssuppe	28	Kalbszungenragout nach Toulouser Art	27	Junge Hamburger Ente, Leberkartoffeln, Salat Lorette	31	Bombe Nelusko mit feinem Gebäck	28	Schweizer Käsetörtchen
10	19	24	Artischockencrèmesuppe	25	Steinbuttschnitten, geröstet, Colbert-Sauce	26	Lammrücken nach Husaren-Art	24	Malta-Reisspeise	25	Käsegebäck
11	21	19	Erbsensuppe mit Schweinsohr	18	Aal in Gelee, Kräutersauce, Bratkartoffeln	20	Rehkeule in Sahnensauce, Rotkohl, Kartoffelbrei überbacken	19	Ananaskrapfen	18	Englischer Sellerie mit Roquefort gefüllt
12	23	34	Linsensuppe mit Frankfurter Wurst	33	Aal grün, Gurkensalat, Schwenkkartoffeln	32	Böhmischer Fasan, Leberkrusteln, Ananaskraut	34	Kaiserschmarren	33	Käsewürzbissen (Welsh-Rarebit)
13	25	37	Kraftbrühe mit Eierkuchen	16	Heilbutte, überbacken	35	Hammelkeule geschmort, Bretagner Art	37	Birnen nach Herzogin Art	16	Chester-Cakes
14	27	39	Schwedenplatte	40	Minestra	40	Zander nach Klosterherren-Art	38	Rebhuhn mit Sahnensauce, Sauerkraut, Kartoffelbrei	39	Palatschinken
15	29	43	Hühnercrèmesuppe	41	Kabeljau nach Lyoner Art, Schwenkkartoffeln	42	Rinderpökelzunge Trianon Champignonsauce	43	Aepfel nach Hausfrauen-Art	41	Käse-Auflauf

Dieser Arbeitsplan hing in der Prüfungsküche aus. (Originaldokument)

meistern fiel ein Stein vom Herzen. Alle Koch- und Kellnerprüflinge bestanden ihre Prüfung. Karl-Eduard Frick erntete an diesem Tag viele wohlwollende Bemerkungen.

Diese Jubiläumsprüfung war auch für die Presse ein dankbares Thema. Im Fachmagazin „Die Küche“ (Zeitschrift für Kochkunst und Tafelwesen, Küchentechnik und -organisation) und im „Gastronomischen Beobachter“ konnte man genaue Details nachlesen, denn Küchenmeister Frick war freier Mitarbeiter dieser Zeitungen.

Bei seinen Berlinbesuchen übernachtete er regelmäßig im Gästezimmer des Deutschen Arbeiterverbandes des Nahrungsmittelgewerbes am Reichstagsufer in Berlin und besuchte gelegentlich politische Kundgebungen. So war er auch Zeuge des 1. Mai 1929 in Berlin, des „Blutmai“, als der sozialdemokratische Polizeipräsident Karl Zörgiebel die Arbeiter mit einem Demonstrationsverbot provozierte. Zörgiebel hatte die Reaktion der Arbeiter richtig eingeschätzt und ließ in die demonstrierende Menge schießen. Die Schlagzeilen in den Zeitungen ver-

Schloßteich und Börsengarten in Königsberg

kündeten: Sozialdemokraten schossen auf Arbeiter, 31 Todesopfer zu beklagen.

Karl-Eduard Frick wurde in der Bahnhofsgaststätte verhaftet, als er lauthals seiner Empörung Ausdruck verlieh und die SPD als Verräterpartei bezeichnete. Das brachte ihm zwei Tage Gefängnis in Berlin-Moabit ein.

Mit einer Verwarnung und einem Schulterklopfen zu Hause in Königsberg vom Schuldirektor war dieser Berlinaufenthalt abgetan. Seine Beliebtheit bei den Lehrlingen in der Berufsschule stieg noch mehr.

Küchenmeister Frick machte aus seinen politischen Ansichten kein Hehl – ein seinerzeit gefährlicher Mut, der ihm sogar mehrmalige Vorladungen bei der Gestapo einbrachte. Vor allem seine ablehnende Haltung zur nazigesteuerten Arbeitsfront und abfällige Äußerungen über den „österreichischen Anstreicher“ im Kollegenkreis bekamen ihm schlecht. So zog er sich nach und nach von Freunden und Kollegen zurück und lebte nur auf, wenn er über die erfolgreichen Berufsschuljahre und die abenteuerlichen Klassenfahrten erzählen konnte.

Karl-Eduard Fricks Kampf gegen fremdländische Namensbezeichnungen auf deutschen Speisenkarten

Wie seine Freunde Gottlieb Weisser und Erich Arnau war der Königsberger Frick im Deutschen Kochverband eines der unbequemsten Verbandsmitglieder.

Ständig suchten sie Anlässe, um in Opposition gehen zu können – so äußerte sich mißfällig ein Mitglied der Berliner Prüfungskommission.

In Fachzeitungen der Branche versuchte Frick gegen die Entfremdung der deutschen Sprache anzugehen, obwohl ein Steckenpferd von ihm gerade das Fachfranzösisch war. Die deutsche Küche ist in ihrer Vervollkommnung französischen Ursprungs und ein sehr großer Teil unserer französischen Fachausdrücke ist in den allgemeinen deutschen Sprachschatz eingegangen.

Trotzdem setzte sich Frick für eine klare, eindeutige Bezeichnung von Speisen, vor allem auf der Speisekarte, ein. Ebenso ermahnte er seine Lehrlinge, sich kurz, präzise und deutlich zu äußern.

Er kämpfte gegen Verfälschung an, so zum Beispiel beim „deutschen Beefsteak". Viele verstehen darunter den gebratenen Klops! Völlig falsch, denn eigentlich ist es eine kulinarische Delikatesse: „Gemischtes Röstfleisch, bestehend aus einer halben Hammelniere, Rauchspeck, Lendenschnitte, Hammelrippchen, Kalbslendchen, Schweinslendchen, Kräuterbutter, gebackenen Streifenkartoffeln."

Die Lachsgerichte der Floßners an der Kurischen Nehrung

Adelheit Rumert (1857–1919)

Der Lachs lebt im Meer und im Fluß, er findet sich in den nördlichen Meeren von Europa, Asien und Amerika. Während des Winters hält er sich in tieferen Stellen der Ost- und Nordsee und den Küsten des Atlantischen Ozeans auf und nährt sich als Raubfisch von allerhand kleinen Fischen und Meerestierchen.

Zeitig im Frühjahr erscheint der Lachs an den Flußmündungen und wandert im

April und Mai stromaufwärts, um zu laichen.

Auf diesem Wege versucht der Lachs alle Hindernisse mit seiner bewundernswerten Muskelkraft zu überspringen. Wehre und Stromschnellen sind für den Lachs kein Hindernis! Mit weiten hohen Sprüngen nimmt der Fisch jede Hürde. So gelangt er aus der Nordsee in die Elbe, den Rhein und in die Weser, von der Ostsee in die Oder und deren Nebenflüsse.

Der Meerlachs ist fett und fleischig, aber bei weitem nicht so wohlschmekkend wie der Flußlachs. Hier ist besonders der Rheinlachs, den es jetzt wieder im Rhein gibt, und der Loirelachs, welcher im Winter besonders schmackhaft ist, zu empfehlen.

Optimisten meinen, daß es in Oder und Elbe bald wieder Lachse geben wird. Freuen wir uns darauf, denn die Elb- und Oderlachse waren zur Jahrhundertwende ein begehrter Leckerbissen.

Fachlich ist es aber falsch, von Fluß- und Meerlachs zu sprechen. Der Geschmack des Fleisches ist unterschiedlich: Der Lachs im Fluß ist deshalb feiner, weil der Fisch vor dem Laichen auf dem Höhepunkt des delikaten Wohlgeschmacks steht und nach dem Laichen viel an Gewicht und Güte verloren hat. Die alten Lachse, welche nach dem Laichen recht abgenommen haben, erholen sich in den Flüssen sehr schnell. Auch sie sind im Herbst auf ihrer Wanderung nach dem Meer ebenso wie im Frühjahr vor der Laichzeit auf ihrer Reise in die Flüsse für die Fischer eine ersehnte und lohnende Beute.

Zu den Hauptfangzeiten sind die Lachse von großem Wohlgeschmack und ihr rotes Fleisch ist appetlich, nährstoffreich und schon im rohen Zustand ein beliebter Gaumenreiz.

Eine Spezialität der Niddener Fischer war der „Niddenlachs“ – frisch gefangener, roh gegessener Lachs.

DER ROHE NIDDENLACHS – FISCHERSPEZIALITÄT

800 g Lachsfilet (roh, sorgfältig von Gräten befreit) • Paprikapulver
1 EL Zitronensaft • 1 Spritzer Worcestershiresauce

ein kräftiges Birkenfeuer (soll 1 Stunde brennen)

☛ Das rosafarbene, zarte Lachsfilet leicht klopfen, mit Zitronensaft beträufeln, dann mit dem Paprikapulver bestreuen und mit Worcestershiresauce bespritzen. Etwa eine gute Stunde am kühlen Ort lagern. In einem Drahtkäfig, welcher extra für die Räucherei angefertigt wurde, eine Stunde hoch über einem leicht brennenden Birkenfeuer hängen lassen.

Das delikate Lachsfilet wird fast heiß verzehrt. Es soll übrigens die Leib- und Magenspeise des bekannten Schriftstellers Carl Zuckmayer (1896–1977) gewesen sein, der unweit von Nidden eine kleine Sommerhütte besaß.

Die Floßners waren eine uralte Herbergsfamilie, die seit Jahrhunderten eine Gaststätte mit Zimmervermietung besaß. Adelheit Rumert war eine der vier Schwiegertöchter des Karl Floßner, der mit seiner Frau Alma den alten Dorfkrug in Nidden betrieb. Viele Gäste kamen immer wieder gern in den Niddener „Dorfkrug“. Die vier Söhne des alten Floßner arbeiteten als Fischer und deren Frauen halfen zum Teil in der schwiegerelterlichen Gaststätte.

Adelheit Rumert war die einzige Schwiegertochter, die die alten Floßners in ihr Herz geschlossen hatten. Obwohl Paul Floßner und Adelheit Rumert in „Sünde“ miteinander lebten, weil sie nie geheiratet hatten, schuftete Adelheit Rumert in der Küche des Niddener Kruges.

Sie verstand sich ausgezeichnet auf Fischgerichte und mancher gut gebaute Fischer machte ihr verliebte Augen.

Adelheit Rumert war nicht nur bekannt wegen ihrer deftigen Fischgerichte, sie verstand es auch sehr gut, mit den Fischern um deren Fang zu feilschen. Ihre besondere Liebe galt dem Lachs. Sie hatte etlichen alten Köchinnen und Köchen die Lieblingsrezepte abgelauscht und vervollkommnet. Adelheit Rumert war vom Lachs, genannt auch Salm, überzeugt. Denn nach ihrer Auffassung war der Lachs an Wohlgeschmack und Zartheit allen anderen Fischen überlegen.

Leuchtturm von Nidden.
Postkarte um 1900

LACHS MIT GELBEN RÜBEN UND MAKKARONI

1 kg Lachs (Mittelstück) • 1 Möhre (ca. 100 g) • 2 Zwiebeln (ca. 150 g) • 1 großes Stück Lachs (100 g) • 100 g Butter • 2 Eigelb 100 ml Weißwein (trocken) • 150 g Makkaroni • 250 g gelbe Rüben 1 Bund Petersilie • 600 g Kartoffeln • 100 g geriebenen Meerrettich 50 g Parmesan • 1 EL Olivenöl

☛ Möhre, Lauch und Zwiebeln putzen und in kirschgroße Stücke schneiden. Dann in 1 Liter Salzwasser auskochen. In den Gemüsefond das entgrätete, enthäutete Lachsmittelstück geben, leicht köcheln lassen.

In der Zwischenzeit die gelben Rüben putzen und mit einem Buntmesser in Scheiben schneiden. Die geschälten Kartoffeln ebenfalls mit dem Buntmesser in Scheiben schneiden.

Makkaroni in Salzwasser bißfest kochen und warm stellen. Um zu verhindern, daß sie zusammenkleben, das Olivenöl darüber geben.

Nun den Lachs herausnehmen und ebenfalls warm stellen. Den Gemüse-Lachs-Fond durchseihen. In der einen Hälfte des Fonds die Kartoffel- und Rübenscheiben zusammen gar kochen. Die andere Hälfte des Gemüse-Lachs-Fonds dient zur Herstellung einer Sauce Hollandaise. Dafür die Butter langsam in einem Topf zerschmelzen lassen und die Eigelb dazu rühren. Nicht zu heiß, sonst gerinnt das Eigelb! Jetzt den warmen Gemüse-Lachs-Fond dazugeben. Die Lachs-Gemüse-Hollandaise bis zum Servieren ebenfalls warm stellen.

Den portionierten Lachs auf einem Sockel von Makkaroni anrichten, reichlich mit Gemüse-Lachs-Hollandaise übergießen und mit Kartoffel-Rüben-Scheiben umlegen. Mit reichlich frischer gehackter Petersilie bestreuen.

Dieses Gericht wurde bei Floßners besonders gern von den Gästen und Bewohnern der Künstler-Kolonie bestellt. Laut Überlieferung soll auch der Schriftsteller Thomas Mann ein Liebhaber dieses Lachsgerichtes gewesen sein.

Ansichtskarten um 1900

LACHS NACH NIDDENER ART

4 große Stücke Lachsfilet (600 g) • 1 l Fischbrühe • 50 g Butter
50 g Mehl • 250 g saure Sahne • 2 EL Olivenöl zum Braten
750 g Kartoffeln

☛ Die Fischbrühe aus den Gräten, dem Kopf und der abgezogenen Haut des Fisches herstellen. Mit Butter verfeinern und mit Mehl andicken, so daß eine weiße Fischsoße entsteht. Nur mit Salz und Pfeffer würzen. Dann die saure Sahne hinzugeben. Der zarte Lachsgeschmack darf nicht überdeckt werden.

Die 4 Lachssteaks in Olivenöl braun braten. In eine längliche Pfanne legen und mit den geschälten, in Scheiben geschnittenen Kartoffeln umlegen. Dann alles mit der Fischsoße übergießen und in der Backröhre bei mittlerer Hitze eine halbe Stunde backen.

Zu diesem Fischgericht paßt ein Kopfsalat im würzigen Joghurtdressing mit frischen Küchenkräutern.

Viele Sommergäste in Nidden waren eifrige Dünenspaziergänger. Alle wollten das einmalige Naturschauspiel sehen, wenn der Wind vom Fuß der Düne aufsteigt und alle losen Sandkörner vor sich her den Abhang hinaufjagt, bis sie hinter den Kamm des Sandwalls gelangen. Von der Windseite wird der Sand in den Windschatten hinübergetragen. So entstehen Wanderdünen. Da der Wind vom Meer herkommt, schreitet die Düne unaufhaltsam dem Haff zu, verflacht das Fahrwasser und irgendwann verschwinden ganze Dörfer und Kirchen im Sand.

Die Niddener Künstlerkolonie war berühmt. Die Motive für Landschaftsmaler und vor allem die Ruhe ließen viele Künstler hier einen erholsamen Sommerurlaub verleben.

Cranzer Strandimpressionen um 1900

SCHMID-LACHS – EINE KÖNIGSBERGER SPEZIALITÄT

Der Küchenmeister Carl Schmid war um 1911 in Zürich im bekannten Restaurant „Zunft zur Meise" tätig und machte seinem Beruf bei Kochkunstausstellungen alle Ehre.

Um 1875 war er als Jungkoch für kurze Zeit in Nidden beschäftigt. Er soll der damals gerade 18jährigen Adelheit Rumert schöne Augen gemacht haben, ein paar Mal wurden die beiden auch zusammen gesehen. Auf dem Salondampfer „Cranz" gab es dann eine schlagkräftige Auseinandersetzung zwischen dem Fischer Paul Floßner und dem schmächtigen Jungkoch Carl Schmid. Letzterer ging dabei über Bord und im Wasser kühlte seine Verliebtheit ziemlich ab. Als Erinnerung an seinen Aufenthalt in Nidden blieb seine Grill-Spezialität zurück – der „Schmid-Lachs", der bei allen Gästen ein Renner wurde!

Das Rezept für den „Schmid-Lachs" fand natürlich auch Eingang in das Familienkochbuch der Floßners. Hier eine wortgetreue Abhandlung aus dem Floßner-Kochbuch:

☛ Von einem Lachs werden einige Scheiben abgeschnitten und geputzt, gewaschen sowie gut abgetrocknet. Mit Zitronensaft beträufelt und mit Salz bestreut, mit Öl bepinselt.

Auf dem Holzkohlegrill, wenn die Glut nur noch eine weiße Ascheschicht hat, zart gebraten. Außerdem wiegt man einige Schalotten und einige Zehen Knoblauch fein. Dieses Gemisch schwitzt man in Butter an und gibt ein paar Spritzer Feinen Weinessig dazu. Lasse alles zugedeckt schmoren, dann 3 EL kaltes Wasser angießen und 3 Eigelb hinzufügen, gut durchschlagen. Warm stellen.

Wenn die Lachsscheiben auf dem Grill gar sind, gebe man diese auf vorgewärmte Teller und gebe die Soße, die man nicht durch ein Sieb gestrichen hat, auf die Lachsscheiben.

Zu guter Letzt kommt auf die Speise eine Krone kunstvoll gespritzte Kräuterbutter. Dazu reiche man frische Hefebrötchen.

Der Schiffskoch Albin Noll aus Bartenstein

Gruppenfoto: obere Reihe, zweiter von links Albin Noll.

Albin Noll (geb. in Bartenstein 1879, verschollen 1917) war ein so genanntes Findelkind, das bei einer Fischerfamilie in einem Dorf bei Cranz aufwuchs. Der kleine Albin war oft bei den Fischern und sah ihnen bei der Arbeit zu, wobei er schon von klein auf immer „Süßkoch" werden wollte. Er aß sehr gerne Cremespeisen und Puddings, war immer dabei, wenn der Pflegevater seine Ware fangfrisch in die feinen Hotels in Cranz und Umgebung ablieferte.

So ging er 1894 auch gern in die Lehre ins Kurhotel Cranz zum Konditor Krüger. Der Meister war allerdings ein cholerischer Mann und stets auf sein Ansehen bedacht. Von diesem Könner, der bei Bällen und Sommerfesten riesige Kuchenbuffets kreierte, lernte Albin Noll viel. Er heiratete jung, als sich sofort Nachwuchs

anmeldete. Die Eltern seiner Frau betrieben in Bartenstein eine kleine Gastwirtschaft in der Königsberger Straße. Albin Noll hielt es jedoch nicht in der Kleinstadt, er heuerte auf einem Passagierdampfer an und wurde zweiter Schiffskoch. Aus dem Ersten Weltkrieg kehrte er nicht mehr heim.

Er war seinem Sohn August immer ein guter Vater, aber seiner Frau Frieda nicht immer ein treuer Ehemann. Nach des Vaters Tod erfuhr der junge August Noll, daß es im fernen Kiel zwei Halbschwestern gab und nahm zu ihnen Kontakt auf. Die eine, Friedericke Gubert, hatte die süße Ader des Vaters geerbt und arbeitete im Berliner Hotel „Adlon" noch lange Zeit als Dessert-Köchin.

Das Süßspeisenkochbuch des Vaters schenkte ihr der Halbbruder August Noll bei seinem Besuch 1958 in Westberlin, als er vorübergehend bei ihr wohnte. Denn der Koch August Noll hatte den Schweriner HO-Kreisbetrieb um ein paar Hundert Ostmark betrogen und fürchtete die Bestrafung. August Noll starb bei einem Busunfall 1971 in Köln, seine Halbschwester Friedericke Gubert ist 1987 in Westberlin gestorben, ihr Enkel Felix Marschner schickte mir vorstehendes Foto und Auszüge aus dem Süßspeisenkochbuch des Schiffskochs Albin Noll zu.

PFIRSICHE NACH KAISERS ART

☛ Die Pfirsiche halbieren, entsteinen und abschälen, dann mit etwas verdünntem Marzipan füllen. Wieder zusammensetzen, in Backteig tauchen und in Fett schön braun werden lassen.

Dazu eine Erdbeersoße aus pürierten Erdbeeren reichen.

Kurhotel in Cranz, 1900.

APRIKOSEN NACH CRANZER ART

250 ml Milch • 60 g Kochreis • 250 ml Schlagsahne • 4 Blatt Gelatine
Aprikosensaft • 4 Aprikosen • 50 g Marzipan • 4 EL Erdbeermark

☛ Milchreis zubereiten, mit Schlagsahne und etwas aufgelöster Gelatine gut vermischen, in flache Torteletttförmchen füllen und kalt stellen. Aprikosen schälen, entkernen und kurz ankochen, halbieren und mit halbfester Marzipancreme füllen, dann zusammensetzen. Mit Aprikosensaft, welchem man etwas Gelatine zugesetzt hat, überglänzen. Den Reis stürzen, auf jedes Tortelett eine Aprikose setzen und mit der mit Erdbeermark eingefärbten Schlagsahne ringsum garnieren.

APFELDESSERT NACH KÖNIGIN LUISE

☛ Die Äpfel schälen und an der oberen Seite einen Deckel abschneiden. Die Äpfel ganz aushöhlen, aber so, daß ein dünnes Gehäuse stehen bleibt. In jeden ausgehöhlten Apfel in Würfel geschnittene Ananas geben.

Mit etwas Danziger Goldwasser auffüllen, dann den abgeschnittenen Deckel darauf legen und die Äpfel kalt stellen.

Etwas Ananassaft mit Blattgelatine erwärmen und über die Äpfel gießen. Aus pürierten Erdbeeren eine Erdbeersoße herstellen. Die Soße auf Teller geben und darauf die Äpfel anrichten.

Bartenstein um 1910

Die Haferrezepte der Emma Kumpert aus Rastenburg

Postkarte um 1900: Die Marienburg (erbaut um 1280)

Die Familie Kumpert ist in der Kreisstadt Rastenburg (heute Ketrzyn, Polen) seit über 400 Jahren zu Hause. Der erste Kumpert kam 1528 als Schmied für Türbeschläge von Königsberg zum Erweiterungsbau der Burg nach Rastenburg.

Eine Kumperttochter überlebte 1625 die große Pest, der viele Rastenburger zum Opfer fielen. Sie hatte zwei uneheliche Söhne – August und Wilhelm, die den Namen Kumpert weitergaben. August Kumpert gründete in Rastenburg eine Familie. Wilhelm lebte mit seiner Familie in Marienburg (heute russisch Malbork). Beide Kumpertsöhne waren wie ihr Urahne tüchtige Schmiede und sehr fleißige Bauhandwerker, begabt für den Burgbau.

Auch unter den treuen Arbeitern der angesehensten Glockengießerei in Rastenburg waren Kumpertsprößlinge.

Der Marienburger Zweig der Kumpertfamilie starb 1924 mit dem Tod der Auguste Kumpert aus. Sie hinterließ ihrer Nichte Emma in Rastenburg mit über 250 Haferrezepten eine beachtliche Sammlung von Rezepten aus der Körnerküche.

Alfred Kumpert war der letzte Rastenburger Kumpert und seine Tochter Emma sollte bei einer Heirat ihren Mädchennamen behalten.

Emma Kumpert, geboren 1910 in Rastenburg, besuchte das dortige Lyzeum. Der Vater sah mit Freuden, daß seine Tochter sich für die Medizin interessierte. Ein schwerer Motorradunfall wurde Alfred Kumpert zum Verhängnis und seine Frau Emilie starb ein halbes Jahr später, im kalten Januar 1932.

Emma, die nun plötzlich allein im Leben stand, wendete sich verstärkt den Nationalsozialisten zu und war sehr aktiv in der aufstrebenden NSDAP tätig. Ihre Liebe galt aber weniger der Idee, als vielmehr einem jungen SA-Aktivisten, der bald zur näheren Umgebung Adolf Hitlers gehörte. Als Emma Kumpert ihn 1934 heiratete, war sie glücklich und akzeptierte gern, daß der junge Mann nicht Kumpert heißen wollte.

Am 30. Juni 1934 wurde die junge Frau schon Witwe, denn Herbert S., einer der engsten Gefolgsleute des SA-Chefs Ernst Röhm, kam beim blutigen Machtkampf zwischen SS und SA um. Die führende Gruppe der NSDAP unter der Leitung von Hitler, Göring und Himmler ließ durch die SS unter den SA-Führern ein Blutbad anrichten.

Emma ging zurück nach Rastenburg und arbeitete in einem der Rastenburger Mühlenwerke, in einer Versuchsküche. Man wollte das deutsche Volk mit dem deutschgewordenen Korn aus der bald deutschen Ukraine möglichst vielfältig ernähren … Emma S. starb 1979 im Haus der Kinder in Kassel.

Marienburg von der Westseite

HAFERABENDSPEISE

(Wenn nicht anders angegeben, sind die Zutaten aller folgenden Rezepte für eine Person berechnet.)

50 g Haferflocken • 1 EL kernlose Rosinen
1 Apfel (im Sommer 200 g Beerenobst)

☛ Die Haferflocken abends in so viel Wasser einweichen, daß sie gerade damit bedeckt sind. Die Rosinen ebenso ansetzen. Beides über Nacht kalt stellen. Morgens Haferflocken und Rosinen mit einem kleingeschnittenen Apfel oder einer filettierten Apfelsine vermischen. Dazu etwas frische Milch, ein wenig Zucker oder etwas Honig geben.

EINFACHE HAFERFLOCKEN-MILCHSUPPE
(nach einem Familienrezept der Kumperts)

50 g Haferflocken • ¼ l Wasser • ½ l Milch • 10 g Butter
1 Prise Salz

☛ Die Haferflocken in dem Wasser zehn Minuten kochen lassen. Dann mit der kochenden Milch übergießen, etwas Butter unterrühren und salzen, nach Geschmack.

Oder:

Die Haferflocken zwei Stunden in kaltem Wasser einweichen, dann zum Aufkochen bringen und auf dem heißen Herdrand gar quellen lassen. Die übrigen Zutaten beigeben.

HAFERFLOCKEN-GEMÜSE-SUPPE NACH MARIENBURGER ART

Gemüsebrühe:

2 Stengel Porree • 1 kleine Sellerieknolle • 2 Möhren • 1 Kohlrabi
1 Zwiebel • 1 Tomate • 2 Kartoffeln • 20 g Butter • Salz • Muskat

☛ Gemüse putzen, klein schneiden und in der Butter anrösten. Mit Wasser ablöschen, schwach salzen, eine gute Stunde kochen. Nach Geschmack mit etwas Muskat würzen.

50 g Haferflocken • ¾ l Gemüsebrühe • 100 g Gemüse
(von der Gemüsebrühe) • 1 EL Sonnenblumenöl • 10 g Butter
Salz nach Geschmack

☛ Die Haferflocken mit der Gemüsebrühe ansetzen, zehn Minuten langsam kochen lassen. Das in Würfel geschnittene Gemüse in dem Sonnenblumenöl andünsten, mit wenig Wasser auffüllen, gar kochen und mit Salz abschmecken.

Rastenburg um 1940

HAFERFLOCKEN MIT ÄPFELN

50 g Haferflocken • 250 g säuerliche Äpfel • ⅛ l Milch • Zucker
Zimt • 25 g braune Butter

☛ Die Äpfel schälen und in dicke Scheiben schneiden. Dann lagenweise mit den Haferflocken in eine Auflaufform schichten, mit der Milch übergießen und die Speise im Wasserbad gar werden lassen. Danach die Speise vorsichtig auf eine Anrichteplatte heben, mit Zucker und Zimt bestreuen und mit brauner Butter begießen.

KRÄUTERKLÖSSE MIT TOMATENTUNKE

Klöße:

65 g Haferflocken • ⅛ l Milch • 1 Ei • 25 g Butter • 1 TL gehackte Petersilie • 1 TL gehackten Dill • 1 TL geschnittenen Schnittlauch

Tomatentunke:

25 g Weizenmehl • 125 g Tomaten • 2 EL Sonnenblumenöl
10 g Butter • Selleriesalz • 1 Prise Zucker

☛ Von allen Kloß-Zutaten einen Brandteig herstellen. Dafür Butter und die eingeweichten Haferflocken (eine Stunde vorher in etwas Wasser einweichen) in die Milch geben, gut aufkochen lassen und unter großer Hitze zu einem festen Teigklumpen abbrennen. Den Teig etwas erkalten lassen, das Ei und die Küchenkräuter dazugeben und Klöße formen.

Die in Würfel geschnittenen Tomaten mit der ganz klein geschnittenen Zwiebel in dem Sonnenblumenöl dünsten. Mit einer Tasse Wasser auffüllen, mit dem Weizenmehl binden und der Butter, dem Selleriesalz und einer Prise Zucker geschmacklich vollenden.

HAFERMEHL-NOCKERLN

50 g Hafermehl • 30 g Butter • 2 Eier • 1 Eigelb • 15 g Zucker
¼ l Milch

☛ Die Butter schaumig rühren, das Hafermehl und den steifgeschlagenen Eischnee hinzufügen. Mit einem Teelöffel kleine Klößchen aus der Masse abnehmen. In die gesüßte, kochende Milch geben, etwas einkochen lassen und alles mit dem Eigelb legieren.

Ein Koch aus Allenstein am rumänischen Königshof

X1: Der wohlbeleibte Herr mit Glatze ganz rechts ist Bruno Trudenat, (Anmerkung des Verfassers: Viele Köche haben schon zeitig eine Glatze, da das Tragen der Kochmütze am Herd nicht gerade förderlich für den Haarwuchs ist.)
X2: Der dritte ältere Herr in der ersten Reihe von links ist Hermann Edner.
(Die Aufnahme entstand 1933)

Wir sitzen in einer Jagdhütte in der Dübener Heide, unweit von Bad Düben, auf dem alten Holztisch liegen vergilbte Zeitungen, alte Fotos und handschriftliche Rezepturen des königlich-rumänischen Hofküchenmeisters Hermann Edner. Die Hirschrückensteaks brutzeln in der Pfanne und der Geruch von edlem Rotwein, mit dem Robert Fischer die Steaks ablöscht, zieht durch die dunkle Jagdhütte.

Er erzählt, daß er bei der Haushaltsauflösung seines 1993 in Wolfen verstorbenen Onkels Bruno Trudenat das vorliegende Material gefunden habe. Durch den Artikel im Ostpreußenblatt wurde auch

Robert Fischer aus Bad Düben auf mein Vorhaben aufmerksam und rief mich an, um dieses Treffen zu vereinbaren.

Herrmann Edner war ein echter Allensteiner mit ausgeprägtem Stolz auf seine ostpreußische Herkunft. Der Zufall hatte seine Vorfahren einst nach Allenstein verschlagen. Einer seiner Vorfahren war der russische Soldat Nikolai Anton Fronowsim, ein typischer Petersburger, groß, mit pechschwarzem Haar. Über ihn gibt es eine wunderschöne Familiengeschichte.

1807 hielten die Franzosen in der Allensteiner St. Jakobikirche viele russische Soldaten gefangen. Unter ihnen auch Nikolai Fronowsim. Ihm und zwei anderen russischen Soldaten gelang die Flucht, aber die Franzosen verfolgten sie.

Seine Leidensgenossen wurden gefunden und in einer Birkenallee an den Bäumen aufgehängt. Nikolai Fronowsim verbarg sich fast drei Tage und drei Nächte im Schilfdickicht eines der vielen Seen (der Masurischen Seenplatte) rund um Allenstein. Ein mitleidiger Fischer schenkte ihm trockene Kleider und etwas zu essen. Zum Dank half er dem Fischer ein paar Tage beim Netzflicken. So lernte er Richard David kennen, der mit seiner taubstummen Nichte in Allenstein lebte. Die blonde, zierliche Maria und der russische Soldat verliebten sich ineinander.

Dem Russen, der gut und voll Einsatzfreude arbeitete, gelang es, sich mit Maria durch Zeichen zu verständigen und das sensible Mädchen blühte richtig auf. Nach einem halben Jahr aber verschwand Nikolai ganz plötzlich und mit ihm das beste Pferd des Fischers David sowie das gesamte Geld vom Sommerfang.

Der Fischer war enttäuscht, aber auch erleichtert. Die Gendarmen fragten in der letzten Zeit schon argwöhnisch, woher denn der neue junge Fischer käme.

Maria jedoch hörte auch nach dem Verschwinden des Russen nicht auf zu blühen. Am 2. Oktober 1807 kam ein neuer Stammhalter zur Welt, der Urgroßvater des Hermann Edner. Der alte Fischer David erlebte nicht mehr, wie August David ein Fischgeschäft mit eigener Fischräucherei gründete. Es wurde erfolgreich fortgeführt von seiner Tochter Friedericke und ihrem Mann Theo Stern.

Zusammen betrieb das Ehepaar das Fischgeschäft, eine eigene kleine Fischfangflotte und die immer größer werdende Fischräucherei. Bis nach Königsberg lieferte man schon die Allensteiner Spezialitäten. Bei einer Ausstellung der Gaststätteninnung zur Frühlingsmesse in Königsberg stellten die Sterns neue Fischspezialitäten aus ihrem Hause vor. Hier lernte die jüngste Tochter, Adelheit-Elisabeth Stern, geboren 1859, den Wiener Koch Alfred Edner kennen. Die junge, bildhübsche Adelheit gefiel dem Wiener sofort. Sie heirateten am 5. September 1878. Alfred Edner war gelernter Koch

Bei einer Geschäftseröffnung 1905 in Allenstein, unten rechts Hermann Edner

mit einer eigenen kleine Gaststätte nahe des Königsberger Schlosses.

Hier wuchs ihr Sohn, der künftige Küchenmeister des rumänischen Königshofes, heran. Bis 1910 blieb der junge Hermann Edner in Königsberg, ab 1911 war er in Allenstein in verschiedenen Stellungen tätig, denn eine junge Frau hatte seine ganze Aufmerksamkeit gewonnen. Über eine Zeitungsanzeige in einer Fachzeitung kam Hermann Edner an den rumänischen Königshof. Als Angestellter bei Hof durfte man nicht in wilder Ehe zusammen leben. Deshalb heiratete er nach 12 Jahren des Zusammenseins 1922 endlich seine langjährige Freundin und sie bezogen eine Wohnung in Bukarest.

In Bukarest lernte das junge Ehepaar Bruno Trudenat kennen, Koch in einem der besten Häuser. Zusammen kochte man in der kargen Freizeit echte ostpreußische Kost in der kleinen Küche der Edners.

1925 ging Bruno Trudenat nach Wien, hielt aber die Verbindung zu den Edners aufrecht, zumal diese keine Kinder hatten und diese Freundschaft pflegten.

Oft fuhren sie zusammen in das wald- und seenreiche Feriengebiet um Allenstein und ernteten erstaunte Blicke, wenn sie in dem schnittigen Horch, Baujahr 1921, durch Allenstein knatterten.

Bruno Trudenat überredete Hermann Edner zur Internationalen Kochkunstausstellung 1930 in Wien, die rumänische Hofküche vorzustellen. Es war ein toller Erfolg für Hofküchenmeister Edner und seine Mitstreiter aus Bukarest.

Die zur Schau gestellten Festtafeln hatte man wie für festliche Anlässe am rumänischen Königshof eingedeckt, zum Beispiel eine österlich geschmückte Tafel. Besonders fiel den Besuchern hier die goldgestickte Decke auf, ein Geschenk der englischen Königin an das rumänische Königshaus. Kostbares Porzellan, goldenes Besteck sowie edelsteinbesetzte Weinkelche ließen die Fachbesucher ebenso erstaunen.

Neben der Besichtigung der Festtafeln gab es für die Besucher zahlreiche Gelegenheiten, die rumänischen Spezialitäten zu kosten. So mancher langjährige Fachkollege schmunzelte beim Verkosten, denn Hofküchenmeister Edner hatte Gerichte aus seiner ostpreußischen Heimat mit in die rumänische Küche einfließen lassen und kochte sie mit einheimischen, also rumänischen Produkten. Ein schönes Beispiel dafür, wie Kochen und Essen Völker und Nationalitäten in Frieden miteinander verbinden können. Man gönnte Edner seinen Erfolg und freute sich mit ihm. Zum letzten Mal vor Ausbruch des Zweiten Weltkrieges sahen sich die beiden 1933 zur Hochzeit des Patenkindes von Hermann Edner in einem Dorf nahe der Stadt Allenstein (heute polnisch Olsztyn). Robert Fischer konnte sich nur noch aus Erzählungen seines Onkels erinnern, daß die Hochzeit auf einem riesigen Bauernhof am Wulpingsee stattgefunden habe.

Robert Fischer erzählte, daß Küchenmeister Edner 1950, als er zur Leipziger Messe weilte, seinen Freund Trudenat in Wolfen besucht habe. Während dieses Besuches führten die beiden alten Herren lange Gespräche über ihre Kriegserinnerungen, über andere Fachkollegen und über den Osten, die der junge Mann fasziniert verfolgte. Hermann Edner versuchte, seinen Freund Bruno zu überreden, mit nach Köln zu kommen und bei ihm zu wohnen. Er besaß in einem noblen Kölner Vorort eine schöne Villa. Aber da Bruno Trudenat noch kein Rentner war und auch seine Familie in Wolfen nicht verlassen wollte, fuhr Onkel Hermann, wie Robert Fischer ihn liebevoll nannte, allein zurück nach Köln.

Hier erinnerte sich Robert Fischer an die englische Schokolade und den schweren, blitzenden Spielzeugrevolver, die Onkel Hermann ihm damals geschenkt hatte. Leider kann Robert Fischer selbst zu seiner ostpreußischen Herkunft nichts erzählen, denn er wuchs in Geiselthal bei Leuna auf. Seine Mutter, geborene Tru-

Allenstein 1910

denat, starb drei Tage nach seiner Geburt im Januar 1944 an einer Infektion. Zu diesem Zeitpunkt befand sie sich bei Verwandten in Geiselthal zu Besuch. Da sein Vater Eduard Fischer aus Memel bei der Verteidigung von Königsberg fiel, nahmen die Verwandten in Geiselthal den kleinen Robert an Kindes statt an.

Bei den Trudenats verlebte er seine Kindheit und wuchs mit dem ostpreußischen Dialekt auf. Da Onkel Bruno mit seiner Familie überstürzt geflohen war, sind viele Erinnerungsstücke in Ostpreußen verschollen. Erhalten blieb die umfangreiche Rezeptesammlung von Hermann Edner, die er schon als Achtjähriger in schöner Schreibschrift angefangen hatte. Jedesmal wenn er nach Allenstein fahren durfte, war das große Rezeptebuch dabei. Der wißbegierige Knabe war für eine Köchin, die gerade viel zu tun hatte, sicher eine Plage.

Aus dieser Sammlung, die Robert Fischer in Bruno Trudenats Nachlaß fand, nachfolgende Rezepte im Originaltext.

Die Allensteinrezepte 1890–1934

MARINIERTER KARPFEN NACH JAKOBSART

☛ Der Karpfen wird in Stücke geschnitten, mit Salz und Paprika gewürzt, in Mehl gewälzt und in Öl angebraten. Jetzt werden soviel Zwiebeln, soviel wie der Karpfen gewogen hat, in Scheiben geschnitten und goldgelb in Öl angeröstet, mit etwas Tomatenpüree, Weißwein, Pfeffer, Lorbeerblatt, Zitronensaft, Salz zu einer Marinade gekocht. Alles wird über die Karpfenstücke gegossen, im Ofen gar gedünstet. Das Gericht wird kalt, mit Zitronenscheiben garniert, serviert.

Dieses traditionsreiche Gericht wurde vom Verfasser nachgekocht, hier die genauen Angaben der Zutaten.

1 Karpfen (ca. 2 kg) • 100 g Mehl • 2 kg Zwiebeln
50 g Öl • 2 EL Tomatenpüree • 100 ml Weißwein • 1 Zitrone
Pfeffer • Paprika, edelsüß • Lorbeerblatt • Salz

☛ Die Backröhre sollte man auf 180 °C vorheizen. Der Fisch braucht nur eine viertel Stunde in der Röhre zu bleiben. Ansonsten Zubereitung wie von Hermann Edner beschrieben.

ALLENSTEINER QUARKFRIKADELLEN

(In verschiedenen Regionen von Ostpreußen auch als Käsefrikadellen bekannt.)

☛ 250 g frischer, nicht zu fetter Quark wird durch ein Haarsieb passiert und mit 50 g Butter, 2 Eiern, 2 Eigelben, 3 EL Mehl, 1 EL Schmand, Salz, 10 g feinem Zucker, und etwas fein geriebener Zitronenschale gut verrührt.

Zu runden Frikadellen geformt in Mehl wälzen und in Öl schön braun braten.

Mit saurer Sahne servieren.

Allenstein um 1940

SPINATWICKEL À LA ALLENSTEIN

☛ Diese Speise taucht in vielen Familienkochbüchern auf, die Zutaten sind fast überall die gleichen, aber in der Herstellung gibt es schon große Unterschiede.

Im Gebiet um Bartenstein (heute polnisch Bartoszyze) und im Gebiet um Heiligenbeil (heute russisch Mamonowo) stellt man die Spinatwickel mit einer Extraschicht Wirsing und mit viel Speck und Zwiebel her.

Große Spinatblätter werden vom Stiel befreit, ins kochende Salzwasser gegeben und ganz kurz aufgekocht, im Eiswasser abgeschreckt. (Vom Kochfond eine Kaffeetasse voll aufheben!)

Dann legt man die blanchierten Spinatblätter auf ein Küchentuch (heute Küchenkrepp) und läßt diese antrocknen. Jetzt bereitet man eine Fleischfüllung zu (siehe Rezept unten). Dann rollt man die Spinatwickel zusammen und legt diese vorsichtig in eine gebutterte Kasserolle. Die Spinatwickel werden bei 180 Grad Ober- und Unterhitze genau 15 Minuten in der Röhre gedünstet.

In dieser Zeit gibt man in eine hohe Pfanne 50 g Butter und eine große, in feine Würfel geschnittene Zwiebel. Das lasse man gut durchschwitzen und gebe 30 g Weizenmehl hinzu.

Alles gut durchmischen und mit dem Spinatkochfond aufgießen sowie durchkochen lassen. Die grüne dicke Soße gebe man über die Spinatwickel und lasse diese noch einmal durchkochen. Es empfiehlt sich, diese Soße durch ein Sieb zu streichen.

Nach einer weiteren viertel Stunde ist das Gericht fertig. Dazu gebe man Salzkartoffeln.

Ein besonderer Tip von Hermann Edner: Nehmen Sie statt Weizen- mal das dunkle Roggenmehl! Es erhöht den Geschmack.

Fleischfüllung:

☛ 1/2 kg Schweinefleisch wird durch die feine Scheibe des Fleischwolfes gedreht und Pfeffer, zerriebene Knoblauchzehe und Salz, 1 Ei und eine in Wasser gut ausgedrückte Semmel dazu gegeben. Alles gut vermengen!

ALLENSTEINER KRÄUTERKLÖSSCHEN

☛ Die Fleischfüllung wird wie bei den Spinatwickeln zubereitet. Formen sollte man sie wie die Königsberger Klopse. Spinat, Petersilie, Dill und Estragon waschen und fein hacken. Die zu Klopsen geformten Klößchen werden darin gewälzt und in eine mit Butter ausgestrichene ovale Backform gelegt. In der vorgeheizten Backröhre die Kräuterklößchen unter trockener Hitze eine viertel Stunde garen.

12 Klößchen, à 50 g:

50 g frische Spinatblätter • je 10 g Petersilie,
Dill, Estragon (alles frisch)

MARINIERTE BULETTEN – EINE ALLENSTEINER SPEZIALITÄT

Bulettenmasse:

500 g Schweinefleisch (nicht zu fett, fein durchgedreht) • 1 feingehackte Zwiebel • 2 Eier • 50 g gekochten Langkornreis • 1 Semmel oder 2 Brötchen (eingeweicht) • 50 g Spinatblätter (blanchiert) 5 g feingehackte Petersilie • 5 g feingehackte Dillstengel, ohne Spitzen Salz • Pfeffer • Kümmel • und etwas Muskat • 30 g Weizenmehl 50 g Olivenöl

Soße:

2 EL Weinessig • 3 Lorbeerblätter • 1 EL Tomatenmark • 50 g saure Sahne • 150 ml Wasser zum Angießen des Bratenfonds

☛ Die Bulettenmasse gut verkneten und zu runden, flachen Klopsen formen. Es empfiehlt sich, pro Person 3 Klopse à 50 g zu rechnen. Man wälze diese in Mehl und brate sie in Olivenöl scharf an. Die braun angebratenen Buletten werden in eine auf 100 Grad erhitzte Backröhre gegeben.

Jetzt gibt man in den Bratenfond den Weinessig, die 3 zerriebenen Lorbeerblätter sowie das Tomatenmark.

Wenn sich eine dunkelbraun-rötliche Masse gebildet hat, kommen die saure Sahne und das Wasser hinzu. Jetzt gibt man die Buletten wieder hinein und läßt alles kurz durchkochen. Die Soße wird vor dem Servieren durchgesiebt.

„Das Deutsche Haus" – Dorfkneipenrezepte der „Waldfrau" Emma Linde, Schippenbeil 1904

Oskar und Eberhardt Linde im Jahre 1921 bei einer Silvesterfeier im „Deutschen Haus", Schippenbeil.

Emma Linde schrieb mir nach der Veröffentlichung meiner Bitte nach alten Ostpreußenrezepten einen kurzen Brief und schickte ein paar historische Fotos und die Wildkräuterrezepte und Zubereitungshinweise für Wildgemüse mit.

Als ich die alte Dame dann bei einer Veranstaltung ihrer Heimatgruppe kennenlernte, erzählte sie mir von ihren Vorfahren.

Im 18. Jahrhundert waren diese im Pillkallener Stadtgebiet (ab 1938 Schloßberg, dann russisch Dobrowolsk) zu Hause und betrieben über mehrere Generationen Gastwirtschaften. Ihr Mann Oskar Linde war ein Unikum. Er führte mit dem gemeinsamen Sohn Eberhardt bis 1930 „Das Deutsche Haus" in Schippenbeil. Emma Linde war hier als „Waldfrau" bekannt, die eigene Wildkräuter- und Wildgemüserezepte propagierte.

Die Pillkallener Eß- und Trinkgewohnheiten wurden auch in die Gaststätten in Schippenbeil übernommen. Zum Beispiel die Pillkaller Spätlese, ein Weinbrand, der mit einer Scheibe gut geräucherter Wurst gereicht wird. Ein anderes Spezialgetränk war Stutenmilch, heißer Arrak mit Würfelzucker und Schlagsahne, aus einem Sektglas mit Strohhalm getrunken.

Emma Linde verlor 1944 ihre Familie bei einem Bombenangriff bei Königsberg. Sie fand dann Unterschlupf bei ihrer Schulfreundin Waldtraut Momsen in Leipzig.

Da Emma Linde alleinstehend war und sehr viel für Kranke und Hilfsbedürftige übrig hatte, arbeitete sie bis ins hohe Alter in einem Alten- und Pflegeheim im Südosten von Leipzig.

Zubereitungshinweise für Wildkräuter, Wildfrüchte sowie Wildgemüse

Als zusätzliche Kost sollten die Wildkräuter, Wildgemüse und Wildfrüchte nicht nur in „Notzeiten" herangezogen werden, sondern ganz allgemein noch viel mehr als bisher auch als unentbehrliche Aufwertung und Ergänzung zur Handelsware dienen. Sie sind eine Bereicherung zu dem in Garten und Feld angebauten Obst und Gemüse.

LÖWENZAHN:

waschen, abtropfen lassen und in feine Streifen schneiden. Dann mit Essig, Zucker und etwas Salz vermengen. Statt Essig kann auch spritzerweise Zitronensaft verwendet werden.

BRUNNENKRESSE:

eignet sich besonders als Umrahmung zum Kartoffelsalat. Brunnenkresse darf nur nach sorgfältiger Reinigung in Salzwasser und häufigem Nachspülen verwendet werden, da ihr oft Insektenlarven anhaften.

BRENNESSEL:

Die zarten Triebe ergeben einen sehr feinen Salat. Man kann den zuweilen etwas strengen Wildgeschmack durch Zugabe von Milch mildern. Aber Kenner schätzen gerade den Wildgeschmack sehr.

Junge Blätter abtrennen, gut abspülen und abtropfen. Ins kochende Salzwasser geben und gut durchkochen. Herausnehmen und ins Eiswasser geben, abtropfen lassen. In Butter wird ganz feingeschnittene Zwiebel glasig geschwitzt und mit den abgekochten Brennesselblättern bedeckt, einmal kurz gewendet und mit Pfeffer und Salz abgeschmeckt.

DIE HAGEBUTTE:

In den weiten Wäldern um Schippenbeil gab es sehr viele Heckenrosenarten. Deren Scheinfrüchte sind die Hagebutten, die einen sehr hohen Anteil an Vitamin C haben. Diese Wildfrüchte eignen sich besonders zur Teebereitung und zur Herstellung von Marmelade.

Bevor sie weiterverarbeitet werden, die unverletzten, trockenen und abgeriebenen Früchte auf einem mit Papier ausgelegten Kuchenblech ausbreiten. Nach dem Einschieben des Bleches in die Backröhre wird durch Einklemmen eines Holzkeiles Luftzufuhr ermöglicht. Es ist darauf zu achten, daß die Temperatur nicht über 60 Grad steigt (mit Hilfe eines Thermometer vom Einwecktopf konstante Temperatur überprüfen). Einen vollen Tag sollen die Wildfrüchte im Ofen bleiben.

Schippenbeil um 1900

TEE AUS HAGEBUTTENSCHALEN

1. Art :

☛ In 1 l kochendes Wasser 1–2 TL halbierte getrocknete Hagebuttenschalen geben. Am besten kurz vor der Zubereitung die ganzen Früchte zerschneiden oder in einem Mörser zerstoßen. Das Ganze 10 Minuten durchkochen, durch ein großes Haarsieb geben und mit Honig süßen.

In hartem Wasser färbt sich der Tee besonders rot, in weichem Wasser goldgelb bis rötlich.

2. Art :

☛ Durch Mitkochen der Hagebuttenkernchen erzielt man eine weitere geschmackliche Verbesserung. Dazu läßt man 1 gehäuften EL Hagebuttenkerne in 1 l Wasser 30 Minuten kochen. Erst dann wie zuvor beschrieben die Schalen hinzugeben.

Auf diese Weise bekommt der Tee eine Art Vanillegeschmack. Den zurückbleibenden Satz kann man 5–8 Mal aufkochen, wobei man immer wieder frische Schalen hinzugibt.

Das ergibt immer wieder einen nicht zu dünnen Tee! Diese Art der Teebereitung nur in nicht rostenden Gefäßen ausführen.

HAGEBUTTENMARMELADE NACH EMILIE LINDE

erhaltenes Original-Familienrezept aus dem 18. Jahrhundert

☛ Die trockenen abgeriebenen Früchte werden mit kochendem Wasser aufs Feuer gestellt. Verhältnis: 2,5 kg Früchte und 2 l Wasser. Nach einer halben Stunde dreht man alles durch die feine Scheibe des Fleischwolfs. Dann gibt man alles in den Topf zurück und läßt es auf kleiner Flamme kochen. Hier gut aufpassen und öfter umrühren, es brennt sehr leicht an!

Die Marmelade muß sehr heiß in die ganz heiß ausgespülten Gläser oder Steinguttöpfe gefüllt werden. Auf die eingefüllte Marmelade legt man ein in Alkohol getränktes zurechtgeschnittenes weißes Papier.

Heute ist es einfacher, weil man Schraubgläser verwenden kann, allerdings ist hier zu beachten, daß die Gläser nicht zu warm und nicht im Licht stehen.

Als Emma Linde die Teezubereitung aus Hagebuttenschalen beschrieb, erinnerte sie sich an einen uralten Mörser mit einer geheimnisvollen Aufschrift. In kyrillischen Buchstaben stand darauf etwas von Lebenserwachen und Vollmond. Der Mörser und der Stößel waren aus schwerem Metall und wurden in einer zeremonienartigen Aktion vor der Hagebuttenernte immer von der ältesten Frau im Lindeschen Haushalt geputzt. Otto Linde, der Großvater ihres Mannes, hatte ihr erzählt, daß dieses Gerät ein uraltes Familienerbstück ist und von Generation zu Generation weiter gegeben wird. Auf der Flucht von Schippenbeil nach Königsberg ging der Mörser leider verloren.

Die Hausrezepte der Erna Becker, Domnau um 1910

Ernst Becker mit weißer Schürze zu einer Silvesterfeier 1941/42

Erna Becker, die letzte Überlebende der Familie Becker, verbringt ihren Lebensabend in einem schönen Seniorenheim bei Heidelberg. Ursprünglich war die Familie Becker seit Generationen in Domnau (heute russisch Domnowo), Kreis Bartenstein, beheimatet.

Im Januar 2000 besuchte ich die über 80jährige Erna Becker in Heidelberg und wir unterhielten uns über ihr Leben in Ostpreußen. Erst als ich ihr versprach, ihre Erinnerungen uneingeschränkt widerzugeben, gab sie mir ihr Einverständnis zum Abdruck des obigen Bildes und der einzigartigen Gemüserezepte.

Ihre Schwiegermutter, sie hieß ebenfalls Erna Becker, schenkte jeder Schwiegertochter zur Hochzeit ein sauber abgeschriebenes Handkochbuch. 1940 erhielt auch Erna Becker ein Exemplar. Sie lebte ein halbes Jahr in Domnau, wo ihr Mann und dessen Bruder in einer bekannten Fleischerei arbeiteten.

Beide Männer wurden 1940 zur Wehrmacht eingezogen. Ihr Mann Ernst Becker fiel 1942. Eine Serie von russischen Katjuscha-Raketeneinschlägen (genannt Stalinorgel) traf das Offizierskasino bei Warschau, wo er stationiert war.

Sein Bruder Eberhardt Becker wurde durch eine Mine lebensgefährlich verletzt. Er durfte noch einmal die Heimat sehen, 1943 starb er an Blutvergiftung einen sehr langsamen Tod.

Erna Becker weint, wenn sie heute wieder davon spricht. Nichts möchte sie vergessen – auch die polnischen und russischen Opfer nicht, die durch den deutschen Faschismus umgekommen sind. Viele hat sie gekannt, denn Beckers lebten mit polnischen und russischen Familien in enger Nachbarschaft.

Im Mai 1945 war Erna Becker zufällig in Weimar als Hilfsköchin in einem Krankenhaus und wurde von der sowjetischen Armee 14 Tage zu Aufräumungsarbeiten in das ehemalige Konzentrationslager Buchenwald beordert. Diese 14 Tage auf dem Ettersberg haben Erna Becker geformt.

Sie wird sehr traurig, wenn sie heute auf der Straße junge Menschen faschistische Parolen rufen hört oder im Fernsehen Kriegsbilder gezeigt werden.

Ostpreußische Kartoffelgerichte

Für die Kartoffelgerichte wurden nur Kartoffeln verwendet, die mit frischem Viehdung und nicht mit künstlichem Dünger gedüngt waren. Die Kartoffeln sollten schmecken und lange haltbar sein. Erna Becker lehrte ihre Schwiegertöchter, daß die wertvollen Nährstoffe der Kartoffeln auch durch eine bestimmte Gartechnik erhalten werden können.

Die beste Art der Zubereitung besteht laut Erna Becker darin, daß man die Kartoffeln mit der Schale im Kartoffeldämpfer oder im Topf auf ein Sieb legt und darunter Wasser zum Kochen bringt. Die Kartoffeln werden im Dampf gar.

Domnau um 1900

DOMNAUER KARTOFFELPUFFER

☛ Ein Kilogramm ganz frische Frühkartoffeln unter fließendem kalten Wasser sehr sauber abbürsten. Zwei große Zwiebeln schälen und zusammen mit den Kartoffeln durch eine Reibe geben. Damit die Masse nicht braun wird, muß man nun schnell arbeiten.

An die Kartoffel-Zwiebel-Masse ein Ei, je einen halben Teelöffel Majoran und Schnittlauch und zwei Prisen Kümmel geben. Etwas Salz rundet den Geschmack ab. Kartoffelpuffer formen, etwa 10 cm im Durchmesser und in heißem Öl zentimeterdick backen.

KARTOFFELBÄLLCHEN NACH EINEM ALTEN REZEPT

Dieses Rezept bekam Erna Beckers Schwiegermutter von einer ihrer Tanten. Zu Familienfesten wurden immer diese köstlichen Kartoffelbällchen gebacken.

Als Erna Becker (die ältere) 1943 an ihrer Diabetes starb, wollte man zum Leichenschmaus diese besondere Art der Kartoffelbällchen servieren, aber keinem gelangen sie so wie der verstorbenen Erna Becker.

☛ Man rechnet für 4 Personen etwa 1 kg Frühkartoffeln. Die in der Schale gedämpften Kartoffeln werden durch die feine Scheibe des Fleischwolfs gedreht. Die Masse erkalten lassen. Das Eiklar von 2 Eiern zu steifem Schnee schlagen und mit den 2 Eigelb zu der erkalteten Kartoffelmasse geben.

2 EL Weizenmehl, eine Prise Curry, eine Prise gemahlene Muskatnuß und etwas Salz ebenfalls hinzugeben. Die Masse gut durchkneten. Längliche Bratlinge formen, panieren in heißem Öl schwimmend backen.

Die Vollwert-Rezepte der Familie Salomon, Königsberg um 1910

Die Sojabohne ist eines der eiweißreichsten Nahrungsmittel und besitzt im Gegensatz zu anderen Hülsenfrüchten vollständiges Eiweiß.

Die Schwiegermutter von Erna Becker hatte in ihrer Jugend in einem jüdischen Arzthaushalt in Königsberg gearbeitet. Dr. Salomon jun. war Anhänger der Soja-Ernährung und verlangte von seiner jungen Haushälterin, daß sie Gerichte aus Sojabohnen kochen konnte. Die Salomons kamen noch bis 1935 nach Domnau in die Sommerfrische.

Von Bekannten aus Königsberg erfuhr Frau Becker, daß der alte Arzt mit seiner Familie das KZ Auschwitz nicht überlebt hat. Als ihre Schwiegermutter davon hörte, erzählte Erna Becker mir, brach sie in Tränen aus und blieb drei Tage stumm.

Frau Becker erinnert sich nicht mehr an die Sommergäste Salomon, aber die weichen Hände des alten Arztes, der ihr um 1930 einen Kopfverband anlegte, als sie vom Heuwagen gefallen war, meint sie noch heute zu spüren.

BRATLINGE AUS SOJABOHNEN

Beachten: Sojabohnen immer einen Tag vor ihrer Verwendung in genügend Wasser einweichen!

1. Art:

☛ Unter 500 g Sojabohnen (vorher einen Tag einweichen!) 1 Ei, 2 mittlere ganz klein geschnittene Zwiebeln, 1 EL klein gehackte Petersilie, 2 EL Semmelmehl, und 1 EL Sonnenblumenöl mengen.

Aus der Masse fingerdicke, runde Bratlinge formen und in Sonnenblumenöl auf beiden Seiten leicht anbraten

2. Art:

☛ 250 g Grünkerne mit ¼ l Wasser kochen. Dann mit 2 EL Sonnenblumenöl, einer geriebenen Zwiebel, 2 EL gehackter Petersilie und 4 EL Sojabohnen, mischen und gut verkneten. Zuletzt ein geschlagenes Ei darunter geben. Kleine Bratlinge formen und im Öl braten.

REIS-BRATLINGE

☛ Drei Tassen Spitzenkornreis salzen und kochen. Eine Tasse davon durch ein Metallhaarsieb streichen und mit 2 EL gehackten Kräutern (Petersilie, Dill) und einer ganz klein gehackten Zwiebel vermengen. Mit Salz und frisch gemahlenem Pfeffer würzen. Zu den anderen 2 Tassen Reis wieder dazugeben.

Zwei Eier trennen und das Eigelb an die Masse geben, dann das Eiklar fest schlagen und unter die Masse heben. Alles gut durchkneten und zu Walzen formen, in Paniermehl oder geriebener Semmel wälzen. In Olivenöl goldgelb backen.

GETREIDE-BRATLINGE

Originaltext: Erna Becker, Königsberg 1912

☛ Mit einem Eßlöffel Öl werden Zwiebel, kleingehackt (1 mittlere), Kräuter (1 Eßlöffel Petersilie und 1 Eßlöffel Dill, beides klein geschnitten) vermengt und erhitzt. Darauf geben wir ½ kg Grünkernschrot und ½ l Wasser sowie etwas Salz. Alles sollte eine gute viertel Stunde kochen.

Nach dem Erkalten wird ein geschlagenes rohes Ei darunter gegeben und kleine runde Bratlinge geformt. Diese brät man dann in Öl an.

Nach diesem Rezept lassen sich auch Buchweizen, Gerste und Hafergrütze zu Bratlingen zubereiten. Unter die Masse der Bratlinge können auch Gemüsereste, roher Spinat, kleine Salatblätter oder geschnittene Pilze gemischt werden.

HAFERFLOCKEN-BRATLINGE

☛ 1 Tasse Haferflocken mit einer Tasse Wasser, einer kleinen kleingeschnittenen Zwiebel, 2 EL feinstgehackter Petersilie, Salz und 2 geschlagenen Eier vermengen und gut durchkneten. Etwa eine halbe Stunde stehen lassen und die Masse eßlöffelweise in heißes Öl geben und etwa 1 cm dick goldgelb backen.

SPINAT-PFANNKUCHEN

Zutaten für eine Person:

250 g Spinat • 1 Ei • 2 EL Weizenmehl • 1 Zwiebel

☛ Spinat waschen und durch die feine Fleischwolfscheibe drehen, mit dem Ei und einer mit durch den Fleischwolf gedrehten Zwiebel vermengen.

Am Ende das Mehl darüber stäuben und mit Pfeffer und Salz abschmecken. Die Masse eine viertel Stunde ruhen lassen. Die Spinatkuchen in Olivenöl goldbraun backen.

Die Aufläufe der Erna Becker

REISAUFLAUF MIT TOMATEN

☛ Bißfest gekochten, nur mit Salz gewürzten Spitzenkornreis in eine Auflaufform füllen, mit Tomatenscheiben dicht belegen und mit einer Soße (nachfolgendes Rezept) begießen. Dann 30 Minuten bei 200 Grad Ober- und Unterhitze backen.

Soße zum Aufgießen:
30 g Butter • 15 g Weizenmehl (W 405) • ¼ l Milch • 1 Eigelb
1 Eiklar • Salz und Pfeffer nach Geschmack

☛ Die Butter erhitzen, das Mehl darüber streuen und die kalte Milch aufgießen. Die Soße durchkochen und dann abkühlen lassen. Darauf achten, daß die Soße nicht anbrennt, oft mit dem Schlagbesen rühren. Jetzt nach Bedarf würzen. Das Eigelb unter die Soße schlagen und beiseite stellen. Nun das Eiklar steif schlagen und unter die Soße geben.

SELLERIE-AUFLAUF

2 mittelgroße Sellerie oder 1 großen • 35 g Butter • 30 g Weizenmehl
½ l Gemüsebrühe oder Milch • Salz • 5 g Hefe

☛ Sellerie waschen, schälen und in dünne Scheiben schneiden. Eine weiße Grundsoße zum Übergießen herstellen. Dafür das Weizenmehl auf einem Blech bei etwa 200 Grad Ober- und Unterhitze anrösten. 15 g Butter zerlassen, das angeröstete Mehl darüber geben und mit Milch oder Gemüsebrühe auffüllen. Gut durchkochen lassen, damit der Mehlgeschmack schwindet. Vorsichtig mit Salz würzen, um den Eigengeschmack des Sellerie nicht zu überdecken.

Eine Auflaufform mit der übrigen Butter ausfetten, Selleriescheiben einschichten und mit der fertigen Soße übergießen. Dazwischen gestreute Hefeflöckchen bringen Lockerheit in den Auflauf.

MANDELSPEISE NACH DOMNAUER ART

☛ 100 g gemahlene Mandeln mit 100 g Semmelbrösel, 2 Eiern (Eiweiß trennen, steifschlagen und unterheben), 100 g Zucker und ½ l Milch vermengen und mit Zimt oder Nelke sowie 1 TL abgeriebener Zitronenschale würzen. Dann in eine gebutterte Auflaufform geben und 40 Minuten backen. Stürzen und nach dem Erkalten mit einer Vanille- oder Fruchtsoße servieren.

BROTAUFLAUF

2 EL Rosinen • Rum • 500 g geriebenes Vollkornbrot • 8 EL gemahlene Nüsse • 1 EL abgeriebene Zitronenschale • gut gezuckerten Rhabarber oder Beerenobst • Butter • 2 Eier • ½ l Milch • Erdbeeren oder Heidelbeeren • Staubzucker

☛ Die Rosinen in Rum einweichen. So viel trockenes Vollkornbrot reiben, daß etwa 1 Pfund geriebenes Brotmehl entsteht. Brotmehl mit den Rosinen, gemahlenen Nüssen und Zitronenschale vermengen.

Eine Auflaufform gut einbuttern und die Brotmasse einstreuen, gut 2 cm dick. Darauf kommt eine Schicht Obst, dann wieder eine Schicht Brotmischung usw., bis die Auflaufform gefüllt ist.

Aus den Eiern und der Milch eine Soße bereiten und über den Auflauf geben. Den Auflauf in ein Wasserbad stellen und dort 40 Minuten garen lassen. Am besten während der Garzeit mit Alufolie fest abdecken und diese nicht sofort nach dem Garende abnehmen.

Auflauf stürzen und mit einer Fruchtsoße aus pürierten Erdbeeren oder Heidelbeeren servieren.

Für die Soße die Früchte waschen, in einem großen Haarsieb gut abtropfen lassen. Dann die Früchte mit einem Pürierstab pürieren oder durch ein grobes Sieb drücken. Die entstandene Fruchtmasse vorsichtig mit Staubzucker süßen, in einem kleinen Topf vollständig erhitzen, aber nicht mit allzu großer Hitze, damit die Vitamine erhalten bleiben.

QUARKAUFLAUF

¼ l Milch • 50 g Grieß • 200 g Quark • 100 g entkernte Weintrauben
50 g gemahlene Nüsse • 1 gestrichener TL abgeriebene Zitronenschale
1 Prise Zimt • 4 Eier • Butter • Vanillesoße

☛ Den Grieß in der Milch kochen, abkühlen lassen. Mit dem Quark vermischen. Die Masse mit Weintrauben, Nüssen, Zitronenschale und Zimt vermengen. Eier trennen. Eiklar steif schlagen, unter die Masse heben. Eigelb ebenfalls darunter heben. Die Masse kräftig schlagen und in eine gebutterte Auflaufform geben.

Den süßen Auflauf bei 180 Grad Ober- und Unterhitze eine gute Stunde backen.

Zu dem Auflauf eine süße, etwas dick gehaltene Vanillesoße servieren.

GERÖSTETE ZUCKERCREME

5 EL Zucker • 2 EL Wasser • 1 l Milch • 50 g Stärkemehl oder
Maizena • 4 Eier • 150 g süße Sahne

☛ Den Zucker in einer Pfanne braun anrösten, danach mit Wasser ablöschen. Die Milch dazugeben, aufkochen lassen. Mit dem Stärkemehl andicken, abkühlen lassen. Die Eier sauber trennen und das Eiklar zu steifem Schnee schlagen. Erst die Eigelb und dann das geschlagene Eiklar unter die Masse heben. Zuletzt die steif geschlagene Schlagsahne darunter geben.

Das Ganze in Portionsschälchen füllen und bis zum Verzehr kühl stellen.

SAGOPUDDING

100 g Sago (gekörntes Stärkemehl) • 1 l Wasser • 1 l Milch
50 g Zucker • ½ TL abgeriebene Zitronenschale • 1 TL gehackte Mandeln • 2 EL Weinbeeren • 50 g Kirschkonfitüre • 50 g Maizena
frische Erdbeeren

☛ Sago im Wasser kochen, die Milch hinzugeben, ebenso die Zitronenschale, Zucker, die gehackten Mandeln, die Weinbeeren, sowie die Kirschkonfitüre. Alles gut durchkochen und mit Maizena binden. In eine kalt ausgespülte Puddingform geben und kalt stellen. Kurz vor dem Servieren stürzen und mit einer Fruchtsoße aus pürierten frischen Früchten übergießen.

DOMNAUER HAFERPLÄTZCHEN

200 g Haferflocken • 100 g Pflanzenbutter • 100 g Zucker
je 1 Prise Salz und Vanillezucker • 1 Ei

☛ Alle Zutaten zu einem Teig verkneten. Mit einem Eßlöffel Plätzchen abstechen und auf ein gebuttertes Blech setzen. Bei mittelmäßiger Hitze (ca. 180 Grad Ober- und Unterhitze) in etwa 10 Minuten backen.

Erna Beckers Empfehlungen für den Haushalt

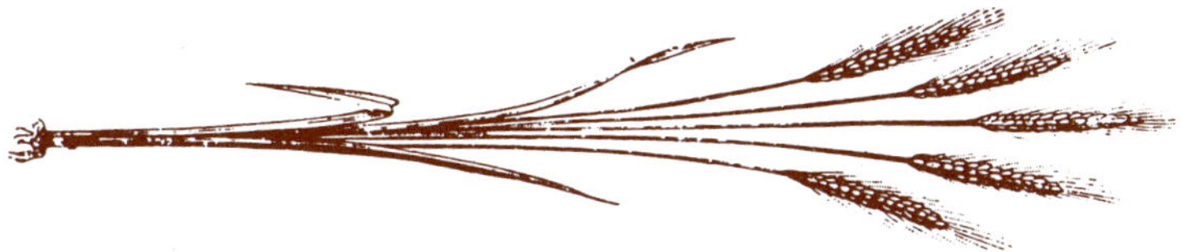

Erna Becker bekam von ihrer Großmutter und von ihren vielen Tanten zahlreiche gute Ratschläge für eventuell auftretende Probleme im eigenen Haushalt. Sie schrieb alles fein säuberlich auf und gab die Tips immer an andere weiter.

1.

Tee erhält ein besonderes Aroma, wenn man eine Vanillestange in den Teeaufbewahrungsbehälter gibt.

2.

Kühlen ohne Eis!

In einem Eimer mit kaltem Wasser wird eine Handvoll Salz und ein kleines Päckchen Scheuersand verrührt. In dem Eimer werden dann die Getränkeflaschen kalt gestellt. Auf diese Weise kühlte Frau Becker die Getränke, die sie mit dem Zweispänner den Bauern auf die Felder brachte. Sie stellte die „Spezialeimer“ mit den Getränken am Feldrand ab.

3.

Flaschen luftdicht verschließen!

Frau Becker stellte jedes Jahr im Sommer ihren überall beliebten Obstwein her. Da auch viele Sommergäste diesen Obstwein gern kauften und ihn auch aufheben wollten,

hatte sie das nachstehende alte Hausrezept herausgesucht, womit der Obstwein sich in den Flaschen lange Zeit hielt:

Man schneide den Korken hart am Flaschenkopf ab und tauche die Flasche in eine Mischung aus warmer flüssiger Gelatine und Essigessenz.

Die Masse am Flaschenkopf erkaltet rasch.

4.

Alte Kartoffeln werden schmackhafter, wenn man dem Kochwasser etwas Essig zusetzt.

5.

Weihnachtsbaumschmuck, selbst hergestellt:

Reingewaschene Tannenzapfen kurz in eine starke Salzlösung tauchen und diese trocknen lassen. Die Zapfen sehen dann aus, wie vom Reif überzogen.

Diese Kristalltannenzapfen waren ein Verkaufsrenner auf dem Weihnachtsmarkt von Domnau.

Aus dem Familienkochbuch der Else Wiegbrecht, Tapiau 1910–1925

Tapiau um 1898

Zur Familie Wiegbrecht gäbe es nicht viel zu sagen, meinte Elisabeth Brückner, geborene Wiegbrecht, aus Plauen, als ich sie im Herbst 1999 aufsuchte. Beim Anblick der Bilder und Dokumente von anderen Ostpreußen wurde sie nachdenklich.

Gerne gab sie das Familienkochbuch der Wiegbrechts nicht aus der Hand, aber mit den vielen Originaldokumenten der anderen Ostpreußen, die sie fast ehrfürchtig anschaute und deren bewegende Geschichte sie in die Vergangenheit zurückführte, gewann ich ihr Herz. Sie begann zu erzählen.

Nun 75 Jahre alt, wohnt sie in einem schönen Neubau, nahe dem Plauener Hauptbahnhof. Ihre Wohnung ist sehr gemütlich und der Fahrstuhl hilft ihr, die Umgebung noch täglich zu erkunden. Sie meint, es gäbe jeden Tag etwas Neues in der Welt zu entdecken. Trotzdem sitzt sie abends gern am Fenster und denkt an die Kindheit und ihre Vorfahren in Ostpreußen.

Tapiau 1900

Ihre Großeltern arbeiteten zu dieser Zeit in Tapiau (heute Polezzk) in einer Heilanstalt für geistig Behinderte und Anna Wiegbrecht, die Mutter von Elisabeth Brückner, wird gerade geboren. Als Anna groß genug ist, tritt Else Wiegbrecht eine Stelle als Haushälterin bei einem Arzt in Tapiau an. Aus jener Zeit stammt das einzigartige Familienkochbuch, das sie ihrer Tochter hinterlassen hat.

Der Großvater Emil Wiegbrecht starb 1915 während des Ersten Weltkriegs im Hagel russischer Granaten in Gerdauen (heute russisch Shelesnodoroshnyi), das damals sehr schwer zerstört wurde.

Die Großmutter und die Mutter fuhren mit dem Kind einmal im Jahr zu Ostern an Großvaters Grab und erzählten ihr viel aus seinem arbeitsreichen Leben. Emil Wiegbrecht war in der Tapiauer Heilanstalt Pfleger und bei seinen Patienten sehr beliebt. Im Zweiten Weltkrieg wurde Gerdauen von den Russen dann völlig zerstört.

Die Großmutter Else Wiegbrecht starb im Zweiten Weltkrieg bei der Beschießung von Tapiau durch russische Granaten. Anna Wiegbrecht floh mit ihrer Tochter nun westwärts vor den heranrückenden Truppen. In einem Dorf bei Dresden fand sie eine Arbeitsstelle als Köchin in

Das zerstörte Gerdauen 1915

einem Kinderheim für geistig behinderte Waisen. Doch Anna Wiegbrecht kochte nicht nur für die Kinder, sondern schloß ihnen auch ihr Herz auf. Oft kamen sie zu „ihrer Tante" Anna in die Küche mit dem großen Kohlenherd.

Elisabeth Brückner, damals 20 Jahre jung, besuchte die Arbeiter-und-Bauern-Fakultät bei Dresden, um Kinderärztin zu werden. Sie heiratete 1948, gerade 22jährig, ihren Mitstudenten Edmund Brückner, ebenfalls angehender Arzt. Beide gingen 1972 nach Afrika und kehrten 1982 zurück, den nahen Tod des schwer erkrankten Edmund Brückners vor Augen.

Seit 1983 lebt Elisabeth Brückner allein, seit 1987 im wohlverdienten Rentenstand. Gern würde sie einmal in die alte Heimat fahren und Großvaters Grab in Shelesnodoroshnyi besuchen.

BACKBLECHKARTOFFELN

☛ Längliche Kartoffeln werden sauber gewaschen und dann in der Weise halbiert, daß zwei runde Schnittflächen entstehen. Die halbierten Kartoffeln setzt man auf das ungefettete Backblech dicht nebeneinander und läßt sie bei mittlerer Hitze im Backofen (Röhre bei 180 Grad vorheizen!) knusprig braun werden. Sie werden mitsamt der Schale verzehrt.

Dazu gab es immer frischen Kräuterquark.

BACKBLECHKARTOFFELN AUF ANDERE ART

☛ Die ungeschälten gewaschenen Kartoffeln werden in fingerdicke Scheiben geschnitten und auf ein ungefettetes Backblech nebeneinander gelegt. Im Backofen werden sie geröstet, wobei man sie wenden muß, wenn die Unterseite braun geworden ist.

APFELKRAUT OHNE FETT

1 mittelgroßer Rotkohlkopf • 3 mittelgroße Äpfel • 1 mittelgroße Zwiebel • 1 gestrichener TL Salz • 1 EL Zucker

☛ Die kleingeschnittene Zwiebel auf den Boden eines angeheizten Topfes geben und unter gelegentlichem Umrühren etwas Farbe nehmen lassen. Dann das Rotkraut waschen und klein schneiden, fest über die Zwiebel schichten. Ruhig mal mit den Händen nachhelfen! Obenauf kommen die in Schnitzen geschnittenen, gewaschenen, aber ungeschälten Äpfel. Darüber dann den Zucker streuen. Nun ½ Liter kochendheißes Wasser darüber gießen und den Topf ganz dicht verschließen. Auf mittlerer Flamme das Gemüse dann bis zum Garwerden gut 90 Minuten stehen lassen.

VIER ARTEN
DER GEKOCHTEN MAYONNAISE

Erste Art

1 EL Kartoffelmehl • ¼ l Magermilch • 1 EL Sojamehl • 1 kleine feingehackte Zwiebel • Zitronensaft • frische Kräuter (gehackte Petersilie, Dill, etwas Schnittlauch)

☛ Das Kartoffelmehl mit der kalten Magermilch zu einem klümpchenfreien Brei anrühren. Dann das Sojamehl dazugeben. Die Masse im Wasserbad schlagen, bis sie dickflüssig ist. Die Gewürze, die Kräuter und Zitronensaft erst am Ende hinzugeben.

Zweite Art

20 g Fett • 20 g Mehl • ⅜ l Gemüsebrühe oder Magermilch (je nach Verwendungszweck) • 25 g Kartoffelstärkemehl • 1 TL Öl oder auch 10 g Butter • 1 Eigelb • ½ TL Salz • 4 EL Zitronensaft frisch gehackte Kräuter

☛ Das Mehl in 20 g Fett hellgelb anrösten, dann unter beständigem Schlagen mit dem Schneebesen die inzwischen erhitzte Gemüsebrühe oder Milch daran geben und alles 5 Minuten köcheln lassen. Das Kartoffelmehl mit wenig kaltem Wasser glatt rühren, ebenfalls einrühren. Dann das Ganze erst einmal aufkochen lassen. Die Tunke vom Feuer ziehen, mit Öl oder Butter verfeinern. Erst nach dem Abkühlen das verquirlte Eigelb hineinrühren. Zuletzt mit Zitronensaft, Salz und Kräutern abschmecken.

Bei der dritten Art

☛ das Eigelb weglassen und durch verschiedene Zusätze die Mayonnaise für verschiedene Zwecke so abwandeln, daß sie z. B. auch als warme Zugabe zu Speisen mit Teigwaren verwendbar ist. Hinzufügen von Tomatenmark, von geriebenem Meerrettich, Sauermilch, Joghurt oder auch Paprikamark von frischem Paprika ergeben interessante Geschmacksnoten.

Die vierte Art

eignet sich auch zum Anmachen vom Kartoffelsalat.

1 EL Mehl (W 405) • ½ l Wasser • 1 kleine Zwiebel • 1 TL Öl oder 10 g Butter • 2 EL Zitronensaft • Salz nach Geschmack

☛ Das Mehl mit wenig Wasser glattrühren, in das übrige Wasser geben, unter beständigem Rühren aufkochen, die in ganz feine Scheiben geschnittene Zwiebel dazugeben. Alles noch einmal gut aufkochen. Jetzt das Öl oder die Butter dazugeben, vom Herd ziehen und mit Zitronensaft und Salz abschmecken.

DIE KALTSCHALEN DER ELSE WIEGBRECHT
(etwa 1912)

„Um trotz der Obstknappheit erfrischende Kaltschalen reichen zu können, bereitet man die Grundlage dazu statt aus Obstsaft aus Magermilch oder Buttermilch, leicht mit Kartoffelmehl gedickt. Man reibt das Gelbe von Zitronenschale hinein, solange man Zitronen haben kann…“ (Originaltext aus dem Familienkochbuch der Frau Wiegbrecht)

Grundrezept für Kaltschalen

1 l Magermilch • abgeriebene Schale einer halben Zitrone
40 g Zucker • 1 EL Kartoffelstärkemehl (etwa 25 g)

☛ Milch, Zitronenschale und Zucker unter Rühren zum Kochen bringen. Dann das in wenig Wasser glatt gerührte Kartoffelmehl hineinrühren. Noch einmal aufkochen lassen. Bei Tisch in diese Kaltschale frische rohe Früchte geben, welche man vorher klein schneiden und einzuckern sollte.

Quark-Kaltschale

250 g Quark • 50 g Zucker • 3/8 l Magermilch • 1 Päckchen Vanillezucker • 50 g geriebenes Vollkornbrot • Kirschen oder Beerenfrüchte als Fruchtbeilage

☛ Den durch ein Sieb gestrichenen Quark mit Zucker, Magermilch und Vanillezucker vermengen und mit einem Schlagbesen glatt rühren. Solange schlagen, bis alles schön schaumig ist. Gewaschene Beeren oder entsteinte Kirschen in die Kaltschale geben. zuletzt geriebenes Vollkornbrot darüber streuen.

Familie Andersen: Eine über 100jährige Familiengeschichte in Memel

Familie Andersen im Jahr 1918

Hintere Reihe von links nach rechts: Geschwister Eduard (1905–1945), Gerlinde (1890–1945), Heinrich, damals Soldat (1899–1943), Alwine, später verh. Gebauer (1895–1983), Charlotte (1897–1945)
Vorn: Mutter Hermine (1868–1945), Vater Wilhelm, Seilermeister (1861–1945)

Die damals 82jährige Alwine lernte ich bereits 1977 in Gera kennen. Wir wohnten im gleichen Haus, und eines Tages hörte ich sie im Treppenhaus mit einer Nachbarin reden. Sofort erkannte ich ihren ostpreußischen Dialekt und sprach sie an. Noch am gleichen Abend erzählte sie mir die bewegende Geschichte ihrer Familie, der Seilermeisterfamilie Andersen aus Memel.

Nachdem ich aus Gera weggezogen war, verlor sich leider der Kontakt. Bis zu einem Tag im Juni 2008: Als ich während einer Radtour an der Elster Rast machte, setzte sich ein Ehepaar an meinen Tisch und fragte mich, wie man am besten weiter die Elster entlangfahren könne. Plötzlich fragte mich die Dame, ob ich nicht der junge Mann sei, der die Oma damals über Memel „ausgequetscht" habe?

Blick auf Memel

Die Wolken, abendrot-umsprüht,
beglückt vom Himmel schauen,
wie licht ihr Spiegelbild erglüht
im Haff, dem dunkelblauen.
Kaum, daß die Wasserflut sich regt,
wenn sie ein Windhauch küßte.
Ein Segel schimmert, unbewegt,
wie wenn's den Weg nicht wüßte.
Versonnen steigt die Nacht herauf,
Goldsterne im Gewande.
Nun glühn in hundert Hütten auf
die Lichter rings im Lande.

FRITZ KUDNIG ***(geb. 1888 in Königsberg/Ostpreußen, gest. 1979)***

Es stellte sich heraus, daß sie die Enkelin der 1983 verstorbenen Alwine war. Wir vereinbarten ein Treffen im Herbst 2008, und so hörte ich noch einmal ausführlich die Lebensgeschichte von Alwine Gebauer, geb. Andersen, die ihre Familie, bis auf ihren einzigen Sohn, 1945 in und um Memel verloren hatte.

Die Stadt Memel, an der Mündung des Kurischen Haffs in die Ostsee und am Flüßchen Dange gelegen, verdankte ihren Namen der Memelburg, einer Ordensburg, die um 1250 dort errichtet wurde. Zur gleichen Zeit wurde die Stadt gegründet; sie war damit die älteste Stadt Ostpreußens. Im 14. Jahrhundert gingen Burg und Stadt an den Deutschen Orden über. Im Zuge mehrerer kriegerischer Auseinandersetzungen zwischen dem Orden und Polen, und später während des Schwedisch-Brandenburgischen und des Siebenjährigen Krieges wurde Memel bis ins 18. Jahrhundert hinein immer wieder geplündert und niedergebrannt. 1854 vernichtete schließlich ein Großfeuer weite Teile der Stadt. Von diesen Katastrophen erholte sich die Stadt zum Teil nur sehr langsam.

1525 kam Memel zum Herzogtum Preußen, das im Zuge der Reformation zum ersten evangelisch-lutherischen Staat der Welt wurde. Während der Napoleonischen Kriege wurde die Stadt wegen der Besetzung Berlins zur provisorischen

Memel, Theaterplatz mit Blick zur Holzstraße, um 1900

Hauptstadt des Königreichs Preußen, ab 1871 gehörte sie zum Deutschen Kaiserreich. 1923 wurde das Memelland von Litauen besetzt. 1939, wenige Monate vor dem deutschen Angriff auf Polen, gab Litauen die Stadt zusammen mit dem Memelland an Deutschland zurück. Während des Zweiten Weltkriegs wurde Memel durch Luftangriffe und Kampfhandlungen schwer getroffen. Im Oktober 1944 begann man damit, die deutsche Bevölkerung zu evakuieren, am 19. Januar 1945 wurde die fast menschenleere Stadt von der Roten Armee übernommen. Memel ist heute das litauische Klaipėda.

Die Vorfahren von Alwine Andersen waren 1807 von Berlin nach Memel gekommen und arbeiteten als Bedienstete des preußischen Königs Friedrich Wilhelm III., der seine Residenz 1806, als Preußen von napoleonischen Truppen besetzt war, nach Memel verlegt hatte.

Der Großvater erwarb ein Haus am Theaterplatz, auf dem gut hundert Jahre später, 1912, der berühmte Simon-Dach-Brunnen mit der Ännchen-von-Tharau-Skulptur errichtet wurde. Dieses Haus brannte während des großen Stadtbrands 1854 bis auf die Grundmauern nieder, so daß die Familie ein anderes Haus in der Nachbarschaft beziehen mußte. 1858 eröffnete der Großvater eine Seilerei, die später sein Sohn Wilhelm übernahm und bis 1945 betrieb.

Memel, Dange mit Börsenbrücke, um 1900

Als zweite Tochter des Seilermeisters Wilhelm Andersen und seiner Ehefrau Hermine wurde Alwine am 3. März 1895 in Memel geboren. Ihre Geschwister hießen Gerlinde (geb. 1890), Charlotte (geb. 1897), Heinrich (geb. 1899) und Eduard (geb. 1905).

Alwine hing besonders an ihrer Tante Hedwig Andersen (1866–1957), der Schwester ihres Vaters, einer später in Deutschland sehr bekannten Stimm- und Sprachbildnerin. Hedwig Andersen war als Pianistin auf dem Konservatorium in Sondershausen ausgebildet worden. Zurück in Memel lernte sie ihre Lebenspartnerin Clara Schlaffhorst kennen, von allen nur „Tante Clara" genannt. Beide lebten und arbeiteten zusammen; gemeinsam entwickelten sie eine völlig neue Methode der Atem-, Sprach- und Stimmtherapie und gründeten 1910 die erste Ausbildungsstätte für Atem- und Gesangskunst in Neubabelsberg/Potsdam (ab 1916 in Rotenburg/Fulda). Später verlegten sie die Schule nach Hustedt/Niedersachsen (1926–1942) bzw. Seefeld/Pommern (1942–1945).

Dorthin wird Alwine Gebauer mit ihrem 1930 geborenen Sohn Horst im Januar 1945 fliehen …

Alwine wurde von den beiden Damen oft nach Hustedt eingeladen und fuhr quer durch Deutschland, um die Ferien bei ihnen zu verbringen. Beide hatten eine Lese- und Rechtschreibschwäche bei ihr erkannt. Mit Liebe und Ermunterung – damals unüblichen Methoden – schafften sie es, daß Alwine 1915 doch noch die Volksschule mit Erfolg abschloß. Auch ihre vier Geschwister waren gute Schüler, was die Eltern sehr stolz machte.

Wie ihre beiden Vorbilder wollte Alwine eigentlich Lehrerin werden – doch ein Studienplatz blieb ihr versagt, da sie leicht stotterte. So lernte sie nach dem Besuch der Volksschule bei der in Memel bekannten Hausköchin des Reeders Hammerstein, Hertha Schmidtstett, das Kochen. Nebenbei besuchte sie die Handelsschule und machte einen Abschluß als Stenotypistin.

Clara Schlaffhorst (li.), Hedwig Andersen, ca. 1910

1923 lernte Alwine den gleichaltrigen Karl Gebauer kennen, der im Geschäft einer Verwandten in der Nachbarschaft die Bücher führte. Die beiden trafen sich oft abends am Simon-Dach-Brunnen, gingen ins Theater oder ins Kino. Auch die Kurische Nehrung mit den kilometerlangen Sanddünen war ein beliebtes Ausflugsziel der beiden. 1929 heirateten sie schließlich, und ihr Glück war vollkommen, als 1930 Sohn Horst geboren wurde.

Alwine Gebauer arbeitete als Hausköchin bei bekannten und wohlhabenden Leuten in Memel. Bald hatte es sich herumgesprochen, daß sie sehr gut kochen, backen und vor allem haushalten konnte. In unguter Erinnerung blieb ihr die Arbeit bei einem hohen deutschen Offizier in Memel. Entsetzt war sie über dessen Vorgehen gegen die jüdische Bevölkerung.

Im Winter 1944/45 wurden die Deutschen evakuiert, Alwine und ihr Sohn fanden liebevolle Aufnahme bei Tante Hedwig in Pommern. Dann die Schreckensnachrichten: Wenige Tage nach ihrer Abreise fiel Alwines Mann bei Kampfhandlungen gegen die Rote Armee, die unablässig vorrückte. Es sollte nicht der einzige Verlust bleiben: Auch ihre gesamte Familie und der größte Teil der Familie Gebauer starben bei verschiedenen Luftangriffen auf Memel.

Nach dem Krieg arbeitete Alwine Gebauer bis 1968 als Köchin in einem Seniorenheim in Jena und lebte dann bei ihrem Sohn, dessen Frau und ihrer Enkeltochter Hedwig-Maria in Gera, wo sie 1983 ruhig und friedlich starb.

Simon-Dach-Brunnen mit Ännchen-von-Tharau-Skulptur

Der Dichter Simon Dach (1605–1659) ist einer der berühmtesten Söhne der Stadt. Seine Verse über Ännchen von Tharau wurden zum weithin bekannten Volkslied vertont. Die 1912 errichtete Skulptur ging im Zweiten Weltkrieg verloren, wurde aber 1989 originalgetreu nachgebildet. Sie gehört heute zu den Wahrzeichen von Klaipėda.

Während ihrer Zeit bei der Reeder-Köchin Schmidtstett begann Alwine mit dem Schreiben von Rezeptheften, welche mir zum größten Teil vorliegen. Die Rezepte zeigen, daß Hammersteins sehr großen Wert auf die Verwendung einheimischer Produkte und Lebensmittel legten. Im Folgenden habe ich eine kleine, auch heute noch empfehlenswerte Auswahl aus den Rezeptheften zusammengestellt.

Kurische Nehrung: Blick auf den Alten Sandkrug bei Memel, ca. 1930

MEMELER KARTOFFELN MIT HACKFÜLLUNG
(Rezept von Hertha Schmidtstett, um 1900)

für die Hülle:
1 kg rohe Kartoffeln, geschält und fein gerieben • 4 gekochte Kartoffeln • Salz
für die Füllung:
300 g Schweine- oder Rinderhackfleisch • 1 Zwiebel, gehackt • 1 TL Majoran
Salz und Pfeffer

☛ Die Kartoffeln durch ein Leinentuch ausdrücken. Flüssigkeit nicht gleich wegschütten, die Stärke soll sich erst setzen. Dann die Flüssigkeit abgießen und die Stärke zu den Kartoffeln geben. Die gekochten Kartoffeln zerstampfen und dazugeben. Salzen und alles zu einem Teig kneten. Aus je ½ Tasse Teig runde Fladen formen. Für die Füllung die gehackte Zwiebel anbraten und zum Hackfleisch geben, salzen und pfeffern, Majoran darüberstreuen. Alles gut durchkneten.

Auf die Fladen 1 Eßlöffel Füllung geben, falten, Ränder gut andrücken und längliche, tannenzapfen-große Klöße formen. In kochendes Salzwasser geben und unter vorsichtigem Rühren 30 Minuten köcheln. Zu den mit Fleisch gefüllten Klößen paßt eine Soße aus gebratenen Speckwürfeln oder zerlassener Butter mit saurer Sahne.

MEMELER KARTOFFELN MIT QUARKFÜLLUNG

(Rezept wie S. 114, jedoch mit Quarkfüllung)

für die Quarkfüllung:
300 g Quark • 1 Ei • 1 EL saure Sahne • 20 g feine Speckwürfel • 20 g Butter
½ TL Estragon oder Minze • Salz

☛ Den Quark mit gebratenen Speckwürfeln mischen. Butter, saure Sahne, Ei, Estragon oder Minze dazugeben, salzen, alles gut mischen, die Füllung wie auf S. 114 beschrieben auf die Teigfladen setzen und alles zu länglichen Klößen formen.
Mit Butter, saurer Sahne oder zerlassenen Speckwürfeln genießen.

HÜHNERSUPPE MIT MUSCHELNUDELN

(Rezept aus Memel, um 1914)

1 Hühnchen oder ein junges Suppenhuhn • 1 Zwiebel
Suppengrün: 2 Möhren, 1 Sellerie, 1 Sträußchen Petersilie
250 g Muschelnudeln

☛ Das Hühnchen (oder eine Poularde) waschen und in einen Suppentopf legen. Das Suppengrün putzen, Möhren in Scheiben und Sellerie in Würfel schneiden. Die Zwiebel ebenfalls klein schneiden. Alles zum Huhn geben und mit Wasser auffüllen, bis das Suppenhuhn fast bedeckt ist. Salzen und pfeffern, ca. 90 Minuten kochen.

Das Hühnchen aus der Suppe nehmen und abkühlen lassen. Dann die beiden Brüste von den Knochen entfernen, in kleine Würfel schneiden und in die Suppe geben. Das restliche Fleisch kann ebenfalls von den Knochen gelöst und in einer Schüssel für andere Zubereitungen kaltgestellt werden. Die Nudeln nach Anweisung separat und bißfest kochen. Nicht in der Suppe kochen, sonst wird die Suppe milchig-trüb. Abgießen und abschrecken. Erst dann in die Suppe geben, nochmals kurz erhitzen, abschmecken und zum Schluß mit gehackter Petersilie bestreuen.

Dieses Essen begleitete Alwine Gebauer bis ins hohe Alter und wurde immer dann gekocht, wenn jemand krank oder unpäßlich war.

Memel, Stadtansicht um 1920

MEMELER GEMÜSEAUFLAUF
(Rezept um 1910)

500 g Kartoffeln • 1 rote Paprikaschote • 1 Zwiebel • 1 Stange Porree
2 große Möhren • 1 Dose Tomatenwürfel ohne Saft
Salz, Pfeffer • Knoblauch • Oregano, Thymian, Rosmarin • 250 ml Milch
250 ml Gemüsebrühe • 2 EL Mehl • geraspelter Käse zum Bestreuen

☛ Kartoffeln kochen, pellen und in Scheiben schneiden. Paprikaschote putzen, in Streifen schneiden; Zwiebel hacken und mit Porreeringen ohne Fett in einer beschichteten Pfanne bräunen. Möhren in Würfel schneiden, zusammen mit Tomaten und Paprika in die Pfanne geben. Mit den Gewürzen abschmecken. Nur kurze Zeit garen, damit das Gemüse nicht zu weich wird.

Die Kartoffeln in eine Auflaufform schichten, mit den Kräutern bestreuen. Dann das Gemüse darauf verteilen. Von der Milch einen Teil abnehmen und mit dem Mehl verrühren. Restliche Milch mit der Gemüsebrühe aufkochen, das angerührte Mehl dazugeben, nochmals aufkochen und abschmecken. Die Milch über dem Auflauf verteilen und zum Schluß den Käse darüberstreuen. Bei 175 °C rund 20 Minuten im Backofen garen.

ANDERSENS QUARK-SAUERKIRSCH-AUFLAUF
(bis heute gepflegtes Familienrezept)

50 g Margarine • 3 Eier • 100 g Zucker • 1 TL Vanillearoma
Saft und Schale von 1 unbehandelten Zitrone • 75 g Speisestärke
500 g Magerquark • 1 kg frische Sauerkirschen
40 g abgezogene, gehackte Mandeln • 1-2 EL Butter • Butter für die Form

☛ Margarine in eine Schüssel geben. Eier trennen. Zucker, Eigelb, Vanillearoma, Zitronensaft und -schale, Speisestärke und Quark dazugeben und alles mit einem Handrührgerät gut verrühren. Eiweiß steif schlagen und unterziehen. Den Backofen auf 200 °C (Gas 2, Umluft 180 °C) vorheizen. Eine Auflaufform mit Butter einfetten. Sauerkirschen entsteinen und in einem Sieb abtropfen lassen. Die Hälfte der Quarkmasse in die Auflaufform füllen, mit Sauerkirschen belegen und mit restlicher Quarkmasse bedecken. Mandeln darüberstreuen und mit Butterflöckchen belegen. Quark-Sauerkirsch-Auflauf im vorgeheizten Backofen, zweite Schiene von unten, etwa 50 Minuten goldgelb backen.

MEMELER RETTICH
(Rezept um 1910)

600 g weiße Rettiche • 180 ml Olivenöl • 2 Knoblauchzehen • 1 EL Weißweinessig
4 getrocknete Tomaten in Öl • 2 TL Tomatenmark • 1 Sardellenfilet in Öl
1 TL getrockneter Thymian • 1 Prise Cayennepfeffer • Salz, Pfeffer • Honig

☛ Backofen auf 200 °C vorheizen. Rettiche quer in 1 cm dicke Scheiben schneiden. Beidseitig mit Olivenöl bestreichen, auf ein mit Backpapier belegtes Blech geben und 30 Minuten im Ofen (Mitte, Umluft 180 °C) backen, bis sie leicht gebräunt sind. Knoblauch schälen und mit dem übrigen Öl, Essig, getrockneten Tomaten, Tomatenmark und Sardellenfilet pürieren. Thymian und Cayennepfeffer zufügen. Marinade mit Salz, Pfeffer und Honig abschmecken. Die Rettichscheiben darin mindestens 1 Stunde marinieren. Passt gut zu Kartoffel- oder Fleischgerichten.

MÖHREN-SOUFFLÉ MIT SCHINKEN
(Rezept von Hedwig Andersen)

250 g Möhren • 125 ml Wasser
1 gestrichener TL Delikateß-Brühpulver
125 ml Milch • 3 gehäufte EL helle Mehlschwitze
100 g Doppelrahmfrischkäse
125 g gekochter Schinken • 1 Bund Petersilie • 3 Eier
Salz, weißer Pfeffer • Muskatnuß, gerieben • Margarine für die Form

☛ Möhren schälen, waschen und in Stücke schneiden. Wasser aufkochen, Delikateß-Brühe und Möhrenstücke hineingeben und etwa 10 Minuten garen. Möhren durch ein Sieb abtropfen lassen und pürieren. Abkühlen lassen. Den Backofen auf 200 °C (Gas 2, Umluft 180 °C) vorheizen. Eine Auflaufform oder vier feuerfeste Portionsförmchen mit Margarine einfetten. Milch aufkochen, Mehlschwitze einrühren und 1 Minute kochen lassen. Frischkäse dazugeben und verrühren. Eier trennen, Schinken in Würfel schneiden. Petersilie waschen, trockenschleudern und fein hacken. Möhrenpüree, Eigelb, Schinkenwürfel und Petersilie in die Milch geben. Mit Salz, Pfeffer und Muskat abschmecken. Eiweiß steif schlagen und unter die Masse heben. In die Auflaufform füllen und im vorgeheizten Backofen, zweite Schiene von unten, etwa 35 Minuten backen.

Memel um 1930. Blick vom Fluß Dange auf die Industrie- und Handelskammer

Rudolf Schmidt, der Tilsiter Meisterkoch

Rudolf Schmidt, 1905

Tilschen, mein Tilschen, wie schön bist du doch!
Ich liebe dich heute wie einst,
Die Sonne wär' nichts wie ein finsteres Loch,
Wenn du sie nicht manchmal bescheinst.

Aus: Hermann Sudermann, „Die Reise nach Tilsit" (1917)
(geb. 1857 in Matzicken/Ostpreußen, gest. 1928)

Edgar Schmidt aus Haldensleben bei Magdeburg erinnert sich gern und oft an seinen Großvater Rudolf Schmidt aus Tilsit (heute das russische Sowjetsk).

Edgar kam im Kriegsjahr 1943 im Alter von drei Jahren mit der Familie von Tilsit nach Haldensleben, wo der Vater in einem Maschinenbaubetrieb kriegswichtige Teile konstruieren mußte. Die Familie wurde damals in einer werkseigenen Wohnung untergebracht. Großvater Rudolf (1880–1963) war mit seiner Frau Juliane in Tilsit geblieben und zog erst im Herbst 1944, als die Front bereits bedrohlich nah war, in die Nähe von Magdeburg.

Großvater und Enkel standen sich sehr nahe, und Edgar liebte die Erzählungen seines Großvaters aus der alten Heimat. Im angesehenen Hotel Kaiserhof in der Deutschen Straße in Tilsit erlernte Rudolf Schmidt von 1897 bis 1900 den Beruf des Kochs. Der Küchenchef, Gustav Müller aus Breslau, verstand es, den 17-Jährigen für seinen Beruf zu begeistern.

Küchenmeister Müller hatte sehr gute Kontakte in die Gegend um Wiesbaden und Baden-Baden, und so konnte der junge Tilsiter nach seiner Lehre auf Wanderschaft gehen und dort in renommierten Hotels arbeiten. Der bekennende Ostpreuße fiel in der Fremde schon we-

Tilsit um 1900

Deutsche Straße, Kreuzung Wasserstraße, Blick nach Osten.
Das große Gebäude links ist der „Kaiserhof".

gen seiner Aussprache auf, aber auch mit seiner Kochkunst. In den verschiedenen Hotelküchen kochte er vorwiegend die typischen Tilsiter Speisen, deren Zubereitung er bei Küchenchef Müller gelernt hatte. Bald sprachen die Küchenchefs in und um Wiesbaden und Baden-Baden bei ihren Stammtischabenden und Vereinstreffen sehr anerkennend von dem jungen Ostpreußen. Noch lange nach seinem Weggang erhielt er Post von ehemaligen Arbeitskollegen.

1913 zog es Rudolf Schmidt nach Berlin, wo er bis 1921 in verschiedenen noblen Hotels kochte, zum Beispiel im Kempinski. Dort lernte er auch bedeutende Küchenmeister wie Alfred Badenhop kennen, der ihn ab 1925 einige Male als Vertretung des Küchenchefs nach München in das Regina-Palast-Hotel holte.

Nach der Wanderschaft kehrte Rudolf nach Tilsit zurück und lernte den damals sehr bekannten Patissier Michael Hobmair kennen, der in der Schloßküche in Regensburg auch für die Fürsten von Thurn und Taxis prunkvolle Schaustücke aus Zucker herstellte. Die zwischen den beiden entstehende Freundschaft hielt lange an, wovon auch ein großer Koffer mit Briefen zeugt, den Rudolf Schmidt 1944 unbedingt nach Magdeburg mitnehmen wollte. Seine Frau

Hotel Kaiserhof in Tilsit, Belegschaft und Gäste um 1910

Baden-Baden, Ansichtskarte von 1914

In der Nähe der Gönneranlagen befand sich das Hotel, in dem Rudolf Schmidt arbeitete.

Wiesbaden, Ansichtskarte von 1910

Juliane war zu diesem Zeitpunkt jedoch schon sehr krank und bedurfte seiner ganzen Aufmerksamkeit, so daß der Koffer in Tilsit verlorenging.

In Ebendorf bei Magdeburg kamen sie bei einem Bauern unter, und der 64jährige Rudolf Schmidt kochte für mehrere Bauernhaushalte der Gegend das Essen. Die Männer waren im Krieg, und die Frauen, die sich allein um die Bauernwirtschaften kümmern mußten, waren dankbar für jede Unterstützung. Auf diese Weise fiel für beide Schmidts immer etwas des für damalige Verhältnisse nahrhaften Essens ab. Im Januar 1945 starb Juliane Schmidt, die sich von ihrer Krankheit nicht mehr erholen konnte.

1948 heiratete der immer noch sehr agile und rüstige 68jährige Rudolf Schmidt die Gastwirtin Emilie Heineke aus Magdeburg. Bis 1959 kochte er in der Gastwirtschaft seiner Frau, im „Weißen Roß". Man nannte ihn nur „den Ostpreußen", und wenn er ein paar Bierchen getrunken hatte, konnte er im schönsten Ostpreußendialekt über die veränderten Gesellschaftsverhältnisse schimpfen.

Seine Gerichte, die alle ihren Ursprung in seiner Tilsiter Zeit hatten, waren stadtbekannt. Das „Weiße Roß" lag in einer Nebenstraße zum Markt, und wenn mal ein Händler aus der Tilsiter Ecke vorbeikam, wurde so manches Glas Bier oder Gläschen Goldwasser getrunken. Hedwig, die Küchenhilfe, kochte dann für ihn, und die Gäste merkten manchmal gar nicht, daß Rudolf Schmidt nur noch die gefüllten Teller auf das Holzbrett in die Tür stellte, die zur Theke führte. So mancher Fischer und Bauer brachten ihm „schwarze

Ware", damit er seine geliebten ostpreußischen Gerichte kochen konnte.

Emilie Schmidt, 20 Jahre jünger als Rudolf Schmidt, ließ sich 1959 von ihm scheiden und heiratete einen gleichaltrigen Mann. Rudolf Schmidt war nun 79 Jahre alt, aber noch rüstig, charmant und eine stattliche Erscheinung. Schließlich zog er bei seiner Küchenhilfe Hedwig vom „Weißen Roß" ein und lebte mit ihr in einer kleinen Dachwohnung in der alten Neustadt in Magdeburg.

Nach dem Weggang des Kochs vom „Weißen Roß" kamen auch die Gäste nicht mehr; zwei Jahre später waren die „Sparstrümpfe" leer und man verkaufte die Gaststätte an die HO Magdeburg.

Hedwig und Rudolf zogen 1961 in ein Altersheim am Hopfgarten, wo sie Enkel Edgar noch häufig und gern besuchte. Edgar war in der Zwischenzeit ebenfalls Koch geworden und arbeitete viele Jahre im Interhotel Magdeburg. Das handgeschriebene Rezeptheft seines Groß-

Magdeburg, Alter Markt, Postkarte von 1942

In einer Nebenstraße zum Markt lag das „Weiße Roß".

Tilsit, Herzog-Albrecht-Schule (Knaben-Mittelschule), Aufnahme von ca. 1930

vaters verwahrt er bis heute sorgfältig. Für den Großvater sammelte Edgar historische Ansichtskarten von Tilsit. So konnte sich der Großvater die Bilder seiner Jugend jederzeit in Erinnerung rufen.

Im Dezember 1963 starb Rudolf Schmidt, ohne sein geliebtes Tilsit wiedergesehen zu haben.

Königin-Luise-Brücke nach Tilsit, 1935

LACHSTATAR NACH TILSITER ART

Dieses Gericht entstand um 1930 während seiner Zeit als Koch im Hotel Preußischer Hof in der Stolbeckstraße in Tilsit (Nähe Rathaus).

300 g frisches Lachsfilet • 2 kleine Frühlingszwiebeln • 100 ml Buttermilch
2 säuerliche Äpfel, in Würfel geschnitten • Koriander • Salz, Pfeffer

☛ Zuerst das Lachsfilet waschen, mit Küchenpapier trockentupfen und mit einem scharfen Messer in sehr kleine Würfel schneiden. Anschließend den Koriander fein hakken und die Frühlingszwiebeln in dünne Streifen schneiden. Danach die Zwiebeln mit dem Lachs vermengen, die Buttermilch und die Apfelwürfel dazugeben und gut vermischen. Das Ganze noch mit Salz, Pfeffer und Koriander abschmecken und servieren.

SCHWEINEFILET NACH TILSITER ART
(von der Speisekarte des Bahnhofshotels in Tilsit, Bahnhofstraße)

(für 2 Personen)
320 g Schweinemedaillons (4 Stück à 80 g) • 1 EL Öl • 1 TL Butter
1 cl weißer Rum • 4 cl Sahne • 1 TL Honig • 1 EL grüne Pfefferkörner • Salz

☛ Die Schweinemedaillons waschen, häuten und mit einem Küchentuch trockentupfen. Die Medaillons jeweils mit einem Faden umwickeln, damit sie beim Braten ihre Form behalten. Das Fleisch mit Salz und Pfeffer würzen und in einer Pfanne mit heißem Öl gut anbraten. Dann aus der Pfanne nehmen und warm stellen.

Das Öl vom Braten aus der Pfanne abgießen und die Butter in derselben Pfanne zerlaufen lassen. Die Pfefferkörner zerdrücken und in die Pfanne geben. Den Rum mit der Sahne und dem Honig in die Pfanne gießen und das Ganze unter Rühren gut einkochen lassen.

Die Medaillons dann von dem Faden befreien und auf den Tellern anrichten. Die Soße mit Salz und Pfeffer abschmecken und über die Schweinemedaillons gießen.

Dazu können Sie zum Beispiel Tomatenreis servieren.

Tilsit, Schenkendorfplatz, Ansichtskarte von 1941

TILSITER KIRSCHWAFFELN

125 g Butter • 100 g Zucker • 1 Päckchen Vanillezucker • 3 Eier • 150 g Mehl • Salz
Butter • 500 g Sauerkirschen • 1 Becher Sahne-Frischkäse (125 g) • 200 g Sahne
2 EL Zucker • Zimt

☛ Weiche Butter, Zucker, Vanillezucker und Eier schaumig schlagen. Mehl und eine Prise Salz zufügen, alles gut verrühren. Den Teig einige Minuten stehen lassen und dann im gefetteten Waffeleisen ausbacken.

Sauerkirschen entsteinen und mit dem Frischkäse mit dem Mixstab pürieren, Sahne steif schlagen, unterheben und mit Zucker und Zimt abschmecken. Die Kirschcreme zwischen den gebackenen Waffeln verteilen und servieren.

TILSITER SPIESSBRATEN MIT HAGEBUTTENSOSSE

Spießbraten:

1 kg Schweinefleisch (Schweinekamm ohne Knochen) • 4 Zwiebeln
2 Knoblauchzehen • Salz • Pfeffer • 0,25 l Weißwein • Kümmel

☛ Den Schweinekamm in gulaschgroße Stücke schneiden, die Zwiebeln und den Knoblauch schälen und hacken. In einer Schüssel die Zwiebeln und den Knoblauch salzen und mit dem Kartoffelstampfer bearbeiten, bis Saft austritt. Dann die Fleischwürfel salzen und pfeffern, zu den Zwiebeln geben und gut durchrühren. Die Schüssel abdecken und über Nacht in den Kühlschrank stellen. Zum Braten dann das Fleisch aus der Schüssel nehmen, portionsweise auf lange Spieße stecken und auf dem Backofengrill ca. 25 bis 30 Minuten bei 180 °C braten. Für das Aroma die Zwiebeln zusammen mit dem Weißwein und etwas Kümmel in einen Topf geben und während des Bratvorgangs in den Ofen stellen.

Hagebuttensoße:

150 g Hagebutten • etwas Olivenöl • 1 EL Tomatenmark • 2 bis 3 Tomaten
50 g Zwiebeln, gewürfelt • 0,5 l Wasser • 1 kleiner Zweig Sellerie
1 Kräuterstrauß (aus Oregano, Thymian, Lorbeer, Salbei, Beifuß)
1 Knoblauchzehe • 1 Bund Oregano, gehackt • etwas Zitronenmelisse, gehackt
1 TL Honig • Salz • Chili

☛ Die Blütennarben der Hagebutten mit einem Messer entfernen, die Hagebutten dann zerteilen, mit den Zwiebeln, Tomatenmark, Tomaten und Knoblauch in Olivenöl andünsten. Anschließend ½ Liter Wasser dazugießen. Sellerie und den Kräuterstrauß dazugeben und eine halbe Stunde köcheln lassen. Dann die Kräuter entfernen, die Masse durch ein Sieb passieren, Oregano und Zitronenmelisse unterrühren. Die Hagebuttensoße zum Schluß mit Salz, Honig und Chili abschmecken.

Die Soße eignet sich auch hervorragend zu Wild oder Braten mit Knödeln.

TILSITER ROSTBRATEN VOM SCHWEINEKAMM

1700 g Schweinenacken, am Stück • 1 EL Senf, scharf
10 dünne Scheiben Schinkenspeck
2 große Zwiebeln, in Ringe geschnitten • Salz, Pfeffer • Majoran • dunkles Bier

☛ Den Schweinenacken in Scheiben schneiden, dabei aber nicht ganz durchschneiden, so daß er am Stück bleibt. Mit Salz, Pfeffer und Majoran würzen und dick mit Senf einreiben, besonders zwischen den Scheiben. In jeden Spalt mehrere Scheiben Speck und Zwiebelringe stecken.

Holzspießchen in Wasser einweichen und von beiden schmalen Seiten durch das Fleisch stecken, damit die Scheiben nicht aufklappen. Entweder fest in Alufolie wikkeln und in einen Bräter legen oder ohne Folie in einen gewässerten Römertopf setzen und den Deckel schließen. Bei 200 °C für ca. 90 Minuten in den Ofen schieben. Dann Folie bzw. Deckel entfernen und 30 Minuten weitergaren. In dieser Zeit mehrfach mit dunklem Bier begießen.
Dazu passen Weißbrot, Knoblauchbaguette oder Kartoffelpüree.

TILSITER MANGOLDROULADEN MIT QUARKFÜLLUNG

400 g Quark • 1 Mangoldstaude • Salz, Muskat und Pfeffer nach Belieben
100 g Butter • 1 Zwiebel, gewürfelt • 6 Eigelb • 1 EL gehackter Kerbel
50 g Parmesankäse • 1 EL Weinessig

☛ Quark in ein Sieb geben und abtropfen lassen. Stiele vom Mangold abschneiden und Blätter in Salzwasser blanchieren, kalt abschrecken und trockentupfen. Stiele in ca. 1 cm kleine Stücke schneiden und mit den Zwiebelwürfeln in der Butter weich dünsten, salzen und pfeffern. Quark mit Eigelb verrühren, mit Salz, Pfeffer und Muskat würzen. Gehackten Kerbel unterziehen. Die Backröhre auf 150 °C vorheizen, Mangoldblätter in acht Portionen teilen, Quarkmasse auf die Blätter geben und zusammenrollen. Anschließend die Mangoldrouladen in eine gebutterte Auflaufform legen und nochmals mit etwas Butter bestreichen. 20 Minuten bei 150 °C garen. Mit Weinessig besprühen und den Parmesan darüber hobeln. 10 Minuten nachgaren. Anrichten und mit dem ausgetretenen Fond beträufeln. Dazu passen Nudeln oder Petersilienkartoffeln.

„Schuppnis" und „Kakalinski": Waltraud Raksch und die Geheimnisse der Trappener Küche

Familie Müller um 1941

Die Mutter: Emma Müller, geb. Bley, geboren am 21.7.1903 in Heydekrug, gestorben im Februar 1988 in Rostock. Der Vater: Fritz Müller, geboren am 30.6.1895 in Trappönen, gestorben im Februar 1968 in Rostock. Fritz Müller war Steuermann der Grenzschiffahrt und brachte tausende Flüchtlinge sicher über die Memel. Die Kinder von links nach rechts: Hildegard, Waltraud, Helene (Lenchen), Helmuth, Edith.

Mein Heimatland

[...] Und wenn ich träumend dann durchgeh'
Die düst're Tannennacht,
Und hoch die mächt'gen Eichen seh'
In königlicher Pracht,
Wenn rings erschallt am Memelstrand
Der Nachtigallen Lied,
Und ob dem fernen Dünensand
Die weiße Möwe zieht:

Dann überkommt mich solche Lust,
Daß ich's nicht sagen kann,
Ich sing ein Lied aus voller Brust
Schlag froh die Saiten an.
Und trägst Du auch nur schlicht Gewand
Und keine stolzen Höh'n,
Ostpreußen, hoch! mein Heimatland,
Wie bist Du wunderschön!

Johanna Ambrosius, 1884

(geb. 1854 in Lengwethen bei Ragnit/Ostpreußen, gest. 1939 in Königsberg)
Das Lied war als „Ostpreußenlied“ bis ca. 1930 die Landeshymne.

Das langgestreckte Kirchdorf Trappen (bis 1938 Trappönen) liegt nordöstlich von Groß Lenkeningken am südlichen Ufer der Memel in der Nähe von Tilsit und Ragnit und wurde bereits als „Szemgallen“ im 14. Jahrhundert in den „Litauischen Wegeberichten“, einer ordenszeitlichen Chronik, erwähnt.

Von den 1920er Jahren bis zur Einnahme durch die Rote Armee 1945 lebte der kleine Ort von Landwirtschafts- und Handwerksbetrieben: So gab es z. B. eine Ziegelei, eine Molkerei, Sägewerke, Läden u. v. m. Mit einer Dampferanlegestelle und einem kleinen Hafen hatte Trappen auch für die Schiffahrt einige Bedeutung.

Flußschiff auf der Memel bei Trappen, um 1930

Leider wurde die 1905 erbaute Kirche mit dem reich verzierten Triumphbogen und den hohen Spitzbogenfenstern nach dem Zweiten Weltkrieg abgerissen. Nur das Pfarrhaus konnte erhalten werden. An der Kirche stand ein aus Granitsteinen erbautes Denkmal für die Gefallenen des Ersten Weltkrieges. Das 1993 als russisch-deutsches Gemeinschaftsprojekt neu errichtete Denkmal ist in der Form dem alten nachempfunden und ehrt mit der Inschrift:

1914/1918 1939/1945
Den Toten zur Ehre
Den Lebenden zur Mahnung

Die Gefallenen der beiden Weltkriege.

Das alte Denkmal mit der Inschrift: 1914/18 – Den Gefallenen zur Ehre – Den Lebenden zur Mahnung.

Alte Postkarte von Trappönen, um 1930

1932 in Trappönen geboren, verlebte Waltraud Raksch, geb. Müller, eine sehr schöne, behütete Kindheit. Ihre Mutter Emma stammte aus einer Beamtenfamilie in Heydekrug, ihr Vater war Nachkomme einer alten Schifferfamilie, die schon seit vielen Generationen an der Memel beheimatet war. Noch heute besucht Waltraud jährlich die Heimat ihrer Eltern an der Memel: Von Ragnit aus läßt sie sich mit einem Taxi nach Nemanskoje bringen, wie ihr Heimatort heute genannt wird. In ihrem Herzen wird er aber für immer Trappen heißen.

Der Großvater August Bley war ein gut situierter Beamter bei der Deutschen Reichsbahn, zur damaligen Zeit eine geachtete Institution im Deutschen Reich. Als die Großeltern nach Tilsit zogen, kamen die Enkel aus Trappen sie oft besuchen. Besonders gut erinnert sich Waltraud Raksch an die großen Familienfeste, die in einem Landhaus nahe Tilsit gefeiert wurden und wo manchmal bis zu vierzig Familienmitglieder zusammenkamen.

Stockend und mit langen Unterbrechungen erzählt Waltraud Raksch von der Flucht aus Trappen. Weil man den Vater zum Volkssturm einberufen hatte, mußte die Mutter mit den fünf Kindern am 9. Oktober 1944 ohne ihn ins Ungewisse fliehen. An diesem Tag sollten sich um 12 Uhr die Trappener Einwohner mit 35 Kilogramm Gepäck pro Person am Bahnhof einfinden. Der Zug, der sie von der Heimat wegführte, hielt nach drei Tagen in Aue im Erzgebirge. Alle Flüchtlinge wurden in notdürftigen Baracken untergebracht. Es war unvorstellbar eng, und im kalten Winter 1944/45 erkrankten viele der Flüchtlinge oder starben vor Hunger und Entkräftung.

Im Mai 1945, nach Kriegsende, wollten die meisten Überlebenden wieder nach Trappen zurück und machten sich auf den Weg in die Heimat – auch die Familie Müller. Doch kaum einer der Heimatsehnsüchtigen erreichte sein Ziel. Die Wenigen, die es nach Hause schafften, wurden von den neuen Hausbewohnern weggejagt. Auch die Familie Müller kam nie bis Trappen. Die Heimreise endete zunächst in Klingendorf bei Rostock, wo die Familie Weihnachten 1945 endlich wieder vereint war und zusammen mit dem Vater den Heiligen Abend feiern konnte. Es war ein bescheidenes, aber glückliches Weihnachtsfest, denn das Einzige, was zählte, war das Zusammensein. Der Vater erzählte Begebenheiten aus seiner Zeit als Steuermann der deutschen Grenzschiffahrt auf dem Schiff namens „Löwe“. Er war sehr stolz darauf, viele Flüchtlinge über die Memel nach Dänemark gebracht zu haben.

Familienfoto von 1954

*vordere Reihe von links: Helene (*1935), Gerhard (*1946), Manfred (*1941), Edith (*1938), Hildegard (*1931); hintere Reihe von links: Helmuth (*1933), Mutter und Vater Müller, Waltraud (*1932)*

Der Ortseingang von Trappen, ca. 1940

Als man ihn an jenem Oktobertag 1944 zum Volkssturm holte, hatte er große Angst um seine Familie. Sein Kompaniechef, der frühere Schuldirektor von Waltraud Raksch, Wilhelm Teiggräber, konnte es kaum mit ansehen und schickte Fritz Müller nach Königsberg zur Kommandantur. Dort entschied man, ihn als Steuermann zur Reederei Friedrich und Manfred Preukschat nach Danzig abzustellen. Er geriet in englische Gefangenschaft, wo er die bedingungslose Kapitulation Deutschlands erlebte. Damit hatte er den Krieg ohne große Widrigkeiten glücklich überstanden, wofür er sein ganzes Leben lang sehr dankbar war, denn in seiner Altersklasse gab es nur wenige Überlebende.

Nach der ersten Zeit in Klingendorf wurde die Stadt Rostock zur neuen Heimat von Familie Müller. Waltraud besuchte von 1947 bis 1948 die Rostocker Fachschule für Medizin und wurde Krankenschwester. 1958 heiratete sie Walter Raksch, und als er in der Erzaufbereitung im Uranbergbau Arbeit fand, zog er mit seiner Frau nach Seelingstädt (Thüringen). Das Paar bekam zwei Töchter: Ines und Anke.

Von 1961 bis zum Renteneintritt 1990 arbeitete Waltraud Raksch als Fachkrankenschwester für Psychiatrie und Neurologie in Zwickau. 2005 starb ihr Mann Walter, sie zog daraufhin nach Koblenz zu ihrer ältesten Tochter Ines, die als Postangestellte in Mayen/Pfalz arbeitet. Die zweite Tochter Anke, gelernte Betriebswirtin, betreibt in Rheinland-Pfalz fünf Tankstellen. Waltraud freut sich heute über vier Enkel und zwei Urenkel.

„SCHALTNOSISSI“ (TRAPPENER TEIGTASCHEN)
(litauisch: Šaltanosiai)

☛ Einen Nudelteig aus 4 Eiern, 200 Gramm Weizenmehl und einer Prise Salz herstellen. Ausrollen und in 10 Zentimeter große Vierecke schneiden. Die Enden mit verquirltem Eigelb bepinseln.

200 Gramm Quark mit 2 Eiern, 50 Gramm Zucker und einem Päckchen Vanillezucker gut verrühren. Diese Masse in kleinen Häufchen auf dem ausgerollten, zurechtgeschnittenen Nudelteig verteilen. Die Ränder umklappen und fest aneinanderdrücken, am besten mit einer Gabel. Die gefüllten Teigtaschen vorsichtig aufnehmen und in leicht gesalzenes, bei kleiner Hitze sprudelndes Wasser geben. Die Teigtaschen hochkomen und 5 Minuten garziehen lassen.

Mit brauner Butter und Zimtzucker servieren. Direkt aus dem Topf auf die vorgewärmten Teller geben.

„KAKALINSKI“
(ein Gericht litauischen Ursprungs)

☛ Einen Teig wie für Kartoffelpuffer herstellen. Dafür 1 Kilogramm Kartoffeln schälen, reiben und mit 2 Eiern und 4 Eßlöffeln Weizenmehl vermengen. Eine fein geriebene Zwiebel unterheben und dann vorsichtig mit Salz, weißem Pfeffer und etwas Knoblauch würzen. (Eine fein geschnittene, mit einem schweren Küchenmesser fein zerdrückte Knoblauchzehe unter den Teig geben.) Ein gefettetes Kuchenblech gleichmäßig mit Räucherspeckstreifen belegen und darauf dünn den Kartoffelpufferteig geben. Obenauf wieder feine Speckstreifen verteilen.

Bei 180 °C Ober- und Unterhitze das Blech mit den „Kakalinski“ ca. 20 Minuten backen. Man sollte Sichtkontakt halten, sobald die Oberfläche der Speise braun wird, ist sie gut! Noch heiß in Stücke schneiden und sofort servieren. Zu Kakalinski gab es oft Kompott aus selbstgesammelten Blaubeeren.

Ein leckeres Essen, von dem Waltraud Raksch heute noch schwärmt.

„SCHUPPNIS“ – EINE TRAPPENER KÜCHENSPEZIALITÄT

750 g geschälte grüne Erbsen • 500 g Kartoffeln • 500 g Schinkenspeck
750 g Schweinerippchen (oder 500 g geräucherter durchwachsener Speck oder ein geräucherter Schweinekopf) • 2 Zwiebeln • 100 g Speck • Salz, Pfeffer

☛ Die Erbsen und das Fleisch in wenig Salzwasser 2 bis 3 Stunden kochen. Die Kartoffeln extra kochen. Das Fleisch von den Knochen befreien und separat anrichten. Erbsen und Kartoffeln stampfen und vermengen. Dann die gerösteten Zwiebelscheiben und den ausgelassenen Speck (Spirkel) auf den Brei geben.

Schuppnis war eine beliebte Köstlichkeit, die es oft zur Fastnacht gab. In der Schule wurde an diesem Tag allerhand Schabernack getrieben, und der Lehrer schickte die Kinder deshalb oft früher heim. Die Kinder freuten sich, wenn sie vorzeitig aus der Schule kamen und die Mutter Schuppnis für sie kochte.

Tafelspruch in der Trappener Schule – um die Fastnachtszeit

Fastnacht feiert Katz und Maus.
Schuppnis gibt's in jedem Haus.
Der Lehrer ist ein guter Mann,
der uns Ferien geben kann.

Die Schule in Trappen

Blick auf Trappen, ca. 1938

„GRATNIS“ (AUCH „KRATNIS“ GENANNT)
(aus dem Original-Rezeptbuch von Waltraud Raksch)

☛ In einen gußeisernen Bräter frisches Sauerkraut und in kleine Würfel geschnittene, rohe Kartoffeln schichten. Obenauf ein frisches Eisbein legen. (Es kann auch ein geräuchertes Eisbein sein.) Bei 150 °C Ober- und Unterhitze schmoren.

Nach ungefähr 2 Stunden sind die untersten Schichten gar und das Eisbein wunderbar knusprig.

KÜRBISSUPPE

☛ Gartenkürbis schälen, waschen und teilen. Das Fruchtfleisch aus dem Inneren herausnehmen, würfeln und mit wenig Wasser zum Kochen bringen. So viel Milch angießen, daß für 4 Personen eine Suppe entsteht (etwa 1,5 Liter Masse). Mehl und Butter zu gleichen Teilen verkneten und etwas Salz dazugeben. In der Küche der Ostpreußen nennt man das „Klunkern“ (empfehlenswert sind je 50 Gramm). Die Klunkern dann in die leicht kochende Kürbissuppe geben und mindestens 15 Minuten aufwallen lassen. Mit 1 Prise Zimt und etwas Zucker abschmecken.

TRAPPENER BEETENBARTSCH

500 g durchwachsenes Rindfleisch • 500 g Schweinefleisch (nicht zu fett)
1 kg Rote Beete • ¼ l süße Sahne • saure Sahne
Gartenkräuter • Salz, Pfeffer

☛ Rindfleisch und Schweinefleisch in Salzwasser weich köcheln. Das Fleisch muß noch etwas bißfest und die Brühe darf nicht zu trüb sein. Deshalb das Fleisch nicht zu stark kochen! Das Fleisch herausnehmen und in kleine Würfel schneiden. Brühe aufheben.

Rote Beete waschen, kochen und abkühlen lassen. Die geschälte Rote Beete reiben und in die Fleischbrühe geben, süße Sahne zugießen und alles noch einmal aufkochen lassen, jetzt die Fleischwürfelchen dazugeben und abschmecken. Vor dem Servieren mit einem Klecks saurer Sahne garnieren. Mit reichlich gehackten Gartenkräutern bestreuen.

Trappen um 1930

Das Landjägerhaus in Trappen, ca. 1938

DIE TRAPPENER SAUERAMPFERSUPPEN

1. Variante:

☛ Sauerampfer säubern, waschen, kleinhacken oder schneiden. In leicht gesalzenem Wasser kochen. Wenn der Sauerampfer gar ist, mit süßer Sahne auffüllen, 2 Eier hineinquirlen und nicht mehr kochen. Mit Zucker abschmecken.

2. Variante:

☛ Sauerampfer waschen, kleinhacken und in Fleischbrühe mit einem Lorbeerblatt kochen, salzen und leicht pfeffern. Mit saurer Sahne anrichten.

3. Variante:

2 Schalotten • 20 g Butter • 150 g Speck • 1 l Sauerampferfond (1 kg Sauerampfer kochen, durchsieben) • 200 ml Crème fraîche • 200 ml süße Sahne • 6 Eigelb Salz, Pfeffer • 1 Bd. Schnittlauch, in Röllchen geschnitten

☛ Schalotten fein würfeln, Speck in feine Streifen schneiden. Beides in Butter in einem Topf andünsten und mit Sauerampferfond, Crème fraîche und Sahne ablöschen. Diese Flüssigkeit bei mittlerer Hitze um ein Drittel reduzieren. Dann die Eigelbe aufschlagen und zusammen mit dem Schnittlauch zur Flüssigkeit geben und den Topf vom Feuer nehmen. Sobald das Eigelb stockt und an die Oberfläche steigt, ist die Suppe fertig. Mit Salz und Pfeffer abschmecken und mit Schnittlauchröllchen bestreut servieren.

Wilhelm Braemer, der „Wilderer-Koch“ aus Pillkallen

Wilhelm Braemer, Jäger aus Leidenschaft, Pillkallen um 1935

Das Feiern verstand man in Ostpreußen. Man freute sich auf jeden Anlaß des Zusammentreffens. Zum einen wegen der willkommenen Abwechslung, zum anderen schätzte man ein gutes Mahl, was „notgedrungen“ das Nachspülen mit mehreren klaren Schnäpsen erforderlich und die Stimmung vergnüglich machte …

Aus: Hannelore Schmitz, „Meine Wurzeln“

Der Pillkaller

Es glänzt in lichter Schale
so hell der Doppelkorn,
der reine, ideale
wahrhaft'ge Lebensborn. [...]

Wohl trinkt man gut und reichlich
auch etwas starken Sprit,
nun ja, man ist nicht weichlich
und braucht was für's Gemüt.

Denn eiskalte Winde
weh'n dort jahraus, jahrein,
da darf zu gelinde
der Abendtrunk nicht sein. [...]

Verfasser unbekannt

Schlosbergk wurde um 1516 erstmals erwähnt; spätere litauische Siedler nannten die damals ringförmige Verteidigungsanlage *Pillkallen* (litauisch *Pilkalnis* = ‚aufgeschütteter Hügel, Burgberg, Schloßberg'). 1549 entwickelte sich daraus das Kirchdorf Pillkallen. Das Stadtrecht wurde Pillkallen 1725 durch Preußenkönig Friedrich Wilhelm I. verliehen, 1818 wurde die Stadt zum Verwaltungssitz des Kreises Pillkallen/Schloßberg, der immer noch von vielen landwirtschaftlichen Betrieben geprägt war. Ab 1901 verband die Pillkaller Kleinbahn auf einem Schienennetz von rund 60 Kilometern Länge die Stadt mit zahlreichen Orten der Umgebung. Im November 1914 wurde die Stadt von russischen Soldaten geplündert und zerstört, nach dem Ersten Weltkrieg mit Hilfe der Partnerstadt Breslau wiederaufgebaut. 1938 benannten die Nationalsozialisten Pillkallen in Schloßberg um. Und dann begann der Zweite Weltkrieg ... Am 31. Juli 1944 brachen sowjetische Panzerverbände nördlich von Neustadt/Naumiestis durch, so daß Schloßberg und der südliche Teil des Kreises teilweise geräumt werden mußten. Am nächsten Tag traf es die an der Grenze liegenden Ortschaften sowie Teile des Kreisgebiets östlich von Schloßberg. Am 14. Oktober kam der endgültige Räumungsbefehl für

Pillkallen/Schloßberg, Markt

Schloßberg und den westlichen Teil des Kreises. Die Flüchtlinge wurden zunächst im Kreis Wehlau untergebracht. Von dort aus flohen die meisten Richtung Westen. Pillkallen/Schloßberg wurde ebenso wie die nahegelegenen Orte Schirwindt, Willuhnen, Blumenfeld, Petershausen und Heinrichsfelde fast vollständig zerstört. Heute ist der Ort das russische Dobrowolsk.

Von Erna Hiebel-Münch aus Halle an der Saale erfuhr ich die außergewöhnliche Geschichte ihres Großvaters Wilhelm Braemer (1878–1967) aus dem ostpreußischen Pillkallen.

Wilhelm Braemers Eltern bewirtschafteten eine kleine Gaststätte gleich hinter dem Markt in Pillkallen. Der Vater August Braemer (1845–1907) entstammte einem verarmten Zweig der damals sehr bekannten Gutsbesitzerfamilie Braemer, der unter anderem das Gut Nowischken (ab 1933 Braemerhusen) und das Gut Doristhal gehörte. Die Mutter Ernestine Braemer geb. Asmus (1849–1938) kam aus einer verarmten Aristokratenfamilie aus Pommern.

Ernestine hatte im April 1873 auf einem Manöverball in Pommern den jungen Gardeleutnant August Braemer aus Pillkallen kennengelernt, der ihr eifrig

den Hof machte – anscheinend mit Erfolg: Sie heirateten und eröffneten eine Schankwirtschaft in der kleinen Gasse hinter dem Markt in Pillkallen.

Im Oktober 1878 kam der einzige Sohn Wilhelm zur Welt. In der Familie erzählt man sich noch heute, daß er ein „echter Braemer“ war. Das heißt, er war nicht auf den Mund gefallen und verstand sich gut mit allen Verwandten der weitverzweigten Familie – egal ob arm oder reich.

Nach dem Schulabschluß in Pillkalen lernte der 18jährige an einer Hotel-Kochschule in Königsberg, wo er 1899 das Koch-Diplom erhielt. Während seiner Lehrjahre zog es den lebhaften jungen Mann immer wieder ins heimatliche Pillkallen, besonders seit er seine Leidenschaft für die Jagd entdeckt hatte. In den Wäldern um Pillkallen, die fast alle der begüterten Braemer-Linie gehörten, durfte der junge Mann jagen, sooft er wollte. Seine Eltern besaßen zwar nicht so viel Geld wie die Verwandtschaft, dennoch war Wilhelm Braemer immer gern gesehen.

Der junge Wilhelm Braemer um 1900

Nach dem Ende der Lehrzeit ging Wilhelm Braemer um 1900 zusammen mit Albert Eckert, einem gleichaltrigen Kollegen, auf Wanderschaft, um praktische Erfahrungen in verschiedenen Hotels und Restaurants zu sammeln. Von 1902 bis 1911 waren die beiden ständig unterwegs, jedes Jahr kochten sie in einem anderen Hotel, unter anderem im Kempinski in Berlin, im Europahof in Dresden, in den Adlon-Hotels in Berlin und München, im Parkhotel in Frankfurt am Main und im Leipziger Kaiserhof. Wilhelm Braemer und Albert Eckert, später Küchenmeister in dem damals weltberühmten Hotel Bellevue Dresden (von 1853 bis zur Zerstörung 1945 auf der Altstädter Elbseite auf dem Theaterplatz gelegen), blieben noch lange nach ihrer gemeinsamen Wanderschaft in Kontakt.

Bei einer Kochausstellung 1910 in Berlin begegnete Wilhelm Braemer der Gastwirtstochter Helene Stange aus Köln, die einen tiefen Eindruck bei ihm hinterließ. Die jungen Leute blieben in regem Briefkontakt. Im Mai 1911 fuhr Wilhelm Braemer nach Köln zu Helene, um in deren Restaurant „Zur Goldenen Traube“

Bohlandstraße in Pillkallen

den Küchenchef zu vertreten, der seinen Militärdienst ableisten mußte und später im Ersten Weltkrieg fiel. Anfang 1912 wurde Hochzeit gefeiert, und bereits am 23. Februar 1912 erblickte Tochter Anna das Licht der Welt.

Als Helenes Bruder aus dem Ersten Weltkrieg heimkehrte und alleinige Besitzansprüche auf die „Goldene Traube“ anmeldete, obwohl die Eltern eigentlich beiden Kindern das Restaurant vererbt hatten, kam es zu heftigen Auseinandersetzungen. Der bis dahin als Küchenchef arbeitende Wilhelm Braemer sollte ab sofort das Geschirr spülen und andere niedere Tätigkeiten ausführen. Dafür wollte seine Schwägerin, die nicht einmal gelernte Köchin war, das Regiment in der Küche übernehmen. Da man sich nicht gütlich einigen konnte, beschloß die kleine Familie Braemer 1919, Köln zu verlassen und nach Pillkallen zu ziehen, in die Heimat von Wilhelm. Die Geschichte nahm noch ein äußerst trauriges Ende, denn ein Jahr später hatte Schwager Karl Wilhelm Stange seine Familie und sich selbst umgebracht. Helene mußte in Pillkallen bei Freunden und Bekannten Geld borgen, um die Familie wenigstens würdevoll bestatten zu können. Das Familienerbe schien endgültig verloren.

Wilhelm und Helene wohnten in der Bohlandstraße in Pillkallen zur Miete und arbeiteten bis 1928 im Umkreis von Pillkallen als Hausköche. Sie sorgten für den kulinarischen Rahmen großer Familienfeste; ihre einfachen, aber geschmackvollen kalten Büfetts waren sehr begehrt.

Sehr gern sah man die beiden auch als Gäste auf den Gütern der reichen Braemer-Verwandtschaft im Pillkallener Umland. Wie in Jugendzeiten konnte der Wildliebhaber und Koch Wilhelm Braemer seiner Jagdleidenschaft frönen.

Das erlegte Wild bereitete er dann selbst zu: Bei Familienfesten verwöhnte er seine Gäste stets mit heimischen Spezialitäten, vor allem mit feinen Wildgerichten, die Wilhelm Braemers große Kochkunst offenbarten. Auch die Gesellschaften im Schützenhaus – damals der gesellschaftliche Mittelpunkt Pillkallens – kamen in den Genuß dieser Delikatessen.

Wilhelm Braemer hatte jedoch nicht nur Talent zum Kochen: Ab 1930 vertrat er aushilfsweise den Buchhalter und Lagerverwalter im Krankenhaus von Schloßberg, und als Handlungsreisender war er für bekannte Kochtopffirmen und Messerhersteller unterwegs. Dadurch kannte er sich in ganz Ostpreußen hervorragend aus.

Als dem Meisterkoch Braemer 1943 eine feste Stelle als Koch in einem Krankenhaus in Leipzig angeboten wurde, zog er mit Frau und Tochter nach Leipzig in eine Wohnung nahe dem Völkerschlachtdenkmal. Nach einem unglücklichen Trep-

Geburtstagsgesellschaft in Pillkallen, um 1925

pensturz konnte er jedoch fast anderthalb Jahre nicht arbeiten. Mehrmals kam der Blockwart vorbei und prüfte, ob der „Volksgenosse Braemer“ wenigstens wieder kriegstauglich war. Um der Einberufung zu entgehen, mußte er heimlich in den späten Nachtstunden die Kohlen aus dem Keller holen oder das Holz in handliche Stücke sägen. Tochter Anna stand dann immer oben am Fenster und paßte auf, daß der Blockwart ihn nicht dabei erwischte, der „den Braemer nochmal an die Front bekommen“ wollte. Aber jeder in der Nachbarschaft mochte den netten und höflichen Wilhelm Braemer und gönnte dem Blockwart die Schlappe.

Tochter Anna heiratete im Februar 1945 den Reichsbahner Edwin Münch aus Halle und bewohnte mit ihm eine Gartenlaube. Nach einem schweren Bombenangriff verloren die Eltern Braemer ihre Wohnung und sämtliches Eigentum. Alles, was sie retten konnten, war ein Koffer mit Familienerinnerungen. Anna und ihr Mann nahmen die ausgebombten Eltern in ihrer engen Laube in Halle auf. Dort erlebte die Familie das Kriegsende.

Leipzig, Luftaufnahme von 1943 – das Jahr, als Braemer mit seiner Familie in die Nähe des Völkerschlachtdenkmals zog.

Pillkallen/Schloßberg, Rathaus

Nach und nach wurden alle Gartenlauben in der Gartenkolonie bezogen, auch von Umsiedlern aus Ostpreußen. Mancher von ihnen fand in den Braemers gute Freunde. Besonders groß war die Freude, als 1951 ein Bekannter aus Schloßberg, den Wilhelm Braemer noch aus der gemeinsamen Zeit im Schloßberger Krankenhaus kannte, in der unmittelbaren Nachbarschaft einzog.

1953 erhielt Helene wider Erwarten ihr einstiges Elternhaus zurück und zog mit Wilhelm in die Villa in einem vornehmen Kölner Viertel. Aber ohne Freunde und nette Nachbarn, mit denen man mal übern Zaun plaudern konnte, hielten es die beiden dort nicht lange aus. Das Haus wurde verkauft und das Geld unter allen noch lebenden Verwandten aufgeteilt. Beide Braemers zog es wieder nach Halle/Saale, wo sie von ihren Freunden herzlich empfangen wurden. Mit dem Geld aus dem Verkauf der Villa konnten sie ein kleines Zweifamilienhaus in Halle-Trotha erwerben.

Am 12. Februar 1960 starb Helene an einem Herzinfarkt – an ihrem 80. Geburtstag, Wilhelm überlebte sie um sieben Jahre.

Wilhelm Braemer erzählte immer sehr gern von seiner Heimat, auch von den Küchenspezialitäten, die im Folgenden vorgestellt werden.

„DER PILLKALLER“ – EINE STAMMTISCHSPEZIALITÄT

Leberwurst, schnittfest • Senf, extra scharf
4 cl Doppelkorn oder Wacholderschnaps (Steinhäger oder Gin)

☛ Eine Scheibe Leberwurst mit einem Tupfen Senf garnieren und essen. Mit einem Schnapsglas Doppelkorn „hinunterspülen“.

Eine andere Art des Verzehrs ist die Wurst mit Senf in das Schnapsglas zu geben und mit dem Alkohol zu übergießen. Dann alles zusammen „verzehren“.

„Der Pillkaller“, auch als „Pillkaller Machandel“ bekannt, war eine zur damaligen Zeit in ganz Ostpreußen beliebte alkoholische Spezialität und wird noch heute von Kennern der ostpreußischen Küche als Aperitif getrunken. Das Getränk bekam seinen Namen nach Pillkallen, weil es vermutlich dort erfunden wurde.

„Der Pillkaller“ gehört zur ostpreußischen Lebensart und wird noch heute zu ostpreußischen Gerichten gereicht. In so manchem Spruch oder Gedicht wurde die kuriose Spezialität bejubelt:

Pillkaller Leberwurst

Eine Scheibe Leberwurst,
Mostrich nach Bedarf,
legt man auf ein Glas voll Schnaps
und dann wird man scharf. […]

Nach dem fünften ist die Welt
nicht mehr mau und mies,
alles sieht so festlich aus
wie im Paradies.

Doch beim zwölften sehnt man sich
nach dem Bettgestell,
und man fragt die eig'ne Frau:
„Woher kommst, Marjell?“

Verfasser unbekannt

Die Pillkaller galten übrigens nicht nur als trinkfest („Es trinkt der Mensch, es säuft das Pferd. In Pillkallen ist es umgekehrt", lautete ein sehr bekannter ostpreußischer Spruch), sondern auch als rauflustig („Aus Pillkallen ungeschlagen kommen, ist ein Glücksfall", hieß es). Ob das wirklich der Wahrheit entsprach, konnte die Enkelin von Wilhelm Braemer nicht mit Gewißheit sagen ...

Die Pillkallener Spezialitäten, deren Rezepte auf den folgenden Seiten vorgestellt werden, kocht Erna Hiebel-Münch noch heute gern – nicht nur für Gäste aus Ostpreußen.

PILLKALLER HONIGKUCHEN

300 g Honig • 100 g Zucker • 125 g Butterschmalz • 500 g Weizenmehl
5 g Nelken • 5 g Piment • 5 g Zimt • 5 g Kardamom • 2 TL Zitronensaft
1 TL Orangensaft • 3 Eier • 1 Prise Salz • 5 g Hirschhornsalz
5 g Pottasche, in wenig Wasser aufgelöst • Mandeln zum Verzieren oder Bestreuen

☛ Honig, Zucker und Butterschmalz zusammen im Topf auf der Kochplatte erhitzen. Die Masse soll aber nicht kochen! In der Zeit, da der Honig sich erwärmt, alle Gewürze und die übrigen Zutaten trocken mit dem Mehl vermengen. Die Honigmasse nicht zu heiß dazugeben, danach zwei verquirlte Eier und die aufgelöste Pottasche (als Triebmittel). Nach gründlichem Durchwirken läßt man den Teig am besten zwei Wochen oder wenigstens einige Tage in einem warmen Raum zugedeckt stehen. Den Teig auf ein gefettetes oder bemehltes Blech oder in die Fettpfanne drücken, mit einem verquirlten Ei bestreichen und gehackte Mandeln darüber streuen.

Auf der mittleren Schiene bei 180 °C 20 bis 25 Minuten backen, dann auf 120 °C reduzieren und weitere 5 bis 10 Minuten fertig backen.

PILLKALLER KARTOFFELSALAT

Das ist ein fast hundertfünfzig Jahre altes Rezept aus der Gaststätte von Wilhelm Braemers Eltern. Trotz intensiver Zeitzeugenbefragungen und aufwendiger Nachforschungen in Adreßbüchern konnte der genaue Name der Gaststätte nicht mehr ermittelt werden. Einige sagen, sie hieß „Die Linde“, andere „Zur Eiche“. Enkelin Erna Hiebel-Münch meinte: „Es war etwas mit einem Baum.“

1 kg festkochende Kartoffeln
2 gesäuerte Salzheringe (einen Tag vorher wässern und leicht säuern)
1 bis 2 Zwiebeln (am besten rote Zwiebeln) • 250 ml saure Sahne
3 EL Essig (Kräuteressig) • 1 Prise Zucker • 1 TL Senf, extra scharf
1 Bund Schnittlauch, in Röllchen geschnitten • 1 Bund gehackte Petersilie
1 Bund gehackter Dill • 1 Pck. Kresse, fein geschnitten

☛ Kartoffeln kochen, pellen und in Scheiben schneiden. Heringe filetieren und in kleine Stückchen schneiden, vorsichtig unter die Kartoffeln heben. Saure Sahne mit Essig, Salz, Zucker, Senf, in kleine Würfel geschnittenen Zwiebeln und den Kräutern verrühren. Die Marinade über die Kartoffeln mit den Heringsstückchen gießen. Den Salat eine Stunde an einen kühlen Platz stellen und ziehen lassen.

Pillkallen im Ersten Weltkrieg, Marktplatz im Februar 1915

DIE BRAEMER-SPEZIALITÄT „KÖNIGSBERGER KLOPSE AUS WILDFLEISCH“

Dieses ungewöhnliche Gericht war eine Art Geheimrezept von Wilhelm Braemer. Der begnadete Koch und leidenschaftliche Jäger war sehr erfinderisch. Er jagte gern Wildschweine und verstand es, aus dem reichlichen Fleisch eine Abwandlung der Königsberger Klopse herzustellen.

In der Nachkriegszeit, als die Braemers in Halle lebten, erbeutete er so manches Kaninchen aus den umliegenden Wäldern und bereitete das Fleisch dann nach seinem Geheimrezept zu. So wurden viele hungrige Freunde und Bekannte auch ab und zu einmal richtig satt.

500 g gehacktes Wildfleisch, gemischt • 1 Brötchen
2 große Zwiebeln • 4 große Lorbeerblätter • 12 Körner Piment
2 Eier • 4 EL Mehl • 250 ml Kondensmilch
4 EL Weinbrandessig • Salz, Pfeffer

☛ 2 Liter Wasser mit 1 grob gewürfelten Zwiebel, 4 großen Lorbeerblättern, 12 Pimentkörnern und 2 EL Essigessenz aufkochen. Bei geringer Hitze 25 Minuten kochen. In der Zwischenzeit das Brötchen im Wasser einweichen und anschließend ausdrücken. Die Eier trennen. Die zweite Zwiebel fein würfeln und mit Wildhack, Brötchen, Eiweiß, Salz und Pfeffer zu einem würzigen Hackfleischteig verkneten. Aus der Masse 12 bis 15 Klopse formen. Die Klopse in den Essigsud geben und kochen lassen, bis sie oben schwimmen. Das dauert ca. 15 bis 20 Minuten.

In der Zwischenzeit Mehl und Eigelb in eine kleine Schüssel geben und die Kondensmilch ganz langsam mit einem kleinen Schneebesen hineinrühren (darauf achten, daß keine Klümpchen entstehen).

Die fertigen Klopse, Pimentkörner, Lorbeerblätter und die Zwiebel mit einer Schaumkelle aus dem Topf nehmen und auf einen Teller legen. Dann die Mehlmischung unter ständigem Rühren in den Sud geben und unter Rühren aufkochen, vom Herd nehmen und mit Salz und Essigessenz abschmecken. Dann die Klopse und Zwiebel wieder hinzugeben.

WILHELM BRAEMERS „WILDSCHWEIN-PFLAUMENBRATEN“

150 g Backpflaumen • 100 ml Rotwein • 750 g Wildschweinbraten, aus der Keule Butterschmalz • 1 große Zwiebel • 3 Nelken • 3 Körner Piment • 12 Wacholderbeeren Salz • Pfeffer • 500 ml Fleischbrühe aus Wildschweinknochen • 1 Prise Zucker

☛ Backpflaumen mit heißem Rotwein übergießen und mindestens zwei Stunden ziehen lassen. In den Wildschweinbraten eine tiefe Tasche schneiden. Die Backpflaumen abgießen (Rotweinsud auffangen!) und in einem Sieb abtropfen lassen, anschließend fest in die Tasche des Bratens drücken. Die Tasche mit Küchengarn zunähen.

In einem Bräter Butterschmalz erhitzen. Den Schweinebraten mit Salz rundum einreiben und in dem heißen Fett von allen Seiten anbraten.
Die Zwiebel schälen und in Würfel schneiden, mit den Gewürzen zum Braten geben. Das Ganze mit der Fleischbrühe und dem aufgefangenen Rotweinsud ablöschen. Den Braten etwa 60 bis 90 Minuten weich schmoren, anschließend den Braten aus dem Bräter nehmen und warm stellen.

Den Bratensaft durch ein Sieb streichen, mit Salz, Pfeffer und dem Zucker abschmecken, bei starker Hitze die Sauce reduzieren. Den Braten in Scheiben schneiden, mit Rotkraut, Salzkartoffeln oder Kartoffelklößen servieren.

„Der Pillkallener Markt nach der Zerstörung durch die Russen“ (unbek. Künstler), 1915

***Dieses Bild hing im Pillkallener Rathaus.
Wilhelm Braemer besaß eine Kopie, die er seiner Tochter vererbte.***

SENFEIER
(nach dem Rezept von Wilhelm Braemers Eltern, Pillkallen um 1900)

2 EL Butter • 2 EL Mehl • 1 Tasse Fleischbrühe oder Gemüsebrühe
2-3 EL Senf • Salz • Zucker • Zitronensaft • 2 Eigelb • 8 Eier

☛ Aus Butter und Mehl eine helle Mehlschwitze herstellen, mit der Brühe aufgießen, etwa 10 Minuten kochen, den Senf darin glatt rühren, mit Salz, Zucker, Zitronensaft abschmecken. Von der Herdplatte nehmen und mit 2 Eigelb legieren. Inzwischen 8 Eier hart kochen, pellen, mit dem Eierschneider in Scheiben schneiden und in die Sauce legen. Als Beilage passen Pellkartoffeln und Salat.

Tipp: Die Eigelb zum Legieren der Senfsauce in etwas kalter Sahne anrühren, bevor man diese Mischung der entstandenen Senfsauce zugibt.

Erna Hiebel-Münch sagte dazu: „Ein altes und vielgeliebtes Rezept meines Großvaters, das es bei uns immer nach Ostern gab. Paßt natürlich auch in jede andere Jahreszeit."

BRAEMERS BÄRENFANG
(Hausrezept aus Pillkallen von 1900)

500 g Honig (allerbester Blütenhonig) • 500 ml Wodka
500 ml Weingeist (96 % vol.), auch Primasprit genannt
2 Stangen Zimt • 1 Vanilleschote, aufgeschnitten
2 Zitronen, unbehandelt, Schalen hauchdünn in Spiralen abgeschält

☛ Den Honig in wenig Wodka bei milder Hitze unter ständigem Rühren flüssig werden lassen. Dann den übrigen Wodka und den Weingeist unterrühren. Die Zimtstangen, die Vanilleschote und die Zitronenschalen dazugeben, unter ständigem Rühren noch mindestens 20 Minuten auf dem Herd lassen. Dabei darf die Mischung aber niemals zum Kochen kommen. Abkühlen lassen und in ein hohes, schmales Gefäß geben.

Gut verschlossen mindestens 10 Tage an einem dunklen, nicht zu kühlen Ort durchziehen lassen. Dann die Gewürze entfernen, den Likör in Glaskaraffen mit breiter Öffnung füllen. Nicht zu kühl aufbewahren, damit der Honig nicht fest wird.

WILHELM BRAEMERS „KÖNIGSBERGER MARZIPAN"

In der Zeit um 1930, als Wilhelm Braemer keine feste Anstellung als Koch hatte, fertigte er nach eigenem Rezept ein „wie echt" schmeckendes Königsberger Marzipan an und verkaufte es an seine Freunde und Bekannten. Einer seiner besten Abnehmer war der Pillkallener Gastwirt Oskar Komm. Kurze Zeit später mußte Wilhelm Braemer jedoch vorübergehend den immer größer werdenden Zuspruch an seinem Marzipan stoppen. Der Königsberger Marzipanhersteller Rudolf Amende, der in der Hufenallee in Königsberg ein florierendes Geschäft betrieb, schickte ihm die Polizei ins Haus. Dumm nur, daß er die Pillkallener Gendarmen dazu bemühte: Die Hausdurchsuchung endete erfolglos. Der Empfang der durstigen Staatsmacht kostete den Marzipanfälscher zwar etliche Runden Bier mit Bärenfang, das war aber immer noch erträglicher als eine richtige Strafe. Und am Ende waren alle überzeugt: Braemers Marzipan schmeckt einfach besser als das Königsberger!

500 g süße Mandeln • 3-4 bittere Mandeln oder
2-3 Tropfen Bittermandel-Backöl
350 g Puderzucker
2-3 EL Rosenwasser • 2-3 Eiweiß

☛ Zuerst die Mandeln enthäuten. Dafür die Mandeln mit kochendem Wasser übergießen, kurz stehen lassen, dann die Schalen abziehen. Abgezogene Mandeln einige Minuten trocknen lassen, dann die Mandeln so fein wie möglich mahlen. Die gemahlenen Mandeln mit dem Puderzucker und gegebenenfalls dem Backöl mischen. Nach und nach das Rosenwasser zufügen. Alles zu einem festen Teig verkneten. Den Teig 12 bis 24 Stunden an einem kühlen Ort ruhen lassen. Nach dieser Ruhephase die Teigmasse etwa ½ cm dick ausrollen. Nun Motive und Figuren ausstechen und modellieren. Im Backofen bei reichlich Oberhitze (160–180 °C) backen, bis das Marzipan etwas gebräunt ist. Aus dem Ofen nehmen und sofort mit dem Eiweiß bestreichen.

Aus dem Düring-Kochbuch (1800–1914)

Denkmal der Königin Luise,
unweit der Podehlschen Gastwirtschaft in Jakobsruhe

Die heute 82jährige Gudrun Podehl aus Dortmund entstammt einer alten Gastwirtsfamilie, die lange Zeit in Jakobsruhe bei Tilsit eine Gastwirtschaft mit Fremdenzimmern betrieb und dem preußischen Königshaus sehr zugetan war. Vor allem Königin Luise wurde von den Großeltern und Eltern tief verehrt, erzählte mir Gudrun Podehl.

Ihr Großvater, Gustav Podehl, heiratete 1886 Henriette Düring – eine der Urenkelinnen des Hofküchenmeisters Düring, der die Feld-Hofküche des preußischen Königs Friedrich Wilhelm III. führte.

Die Familie Düring ist eine uralte Koch-Dynastie und eng mit dem preußischen Hof verwachsen. Es war eine Ehre für jeden Sohn der Düring'schen Familie, als Koch-Lehrling am preußischen Hof eine Anstellung zu bekommen.

Von Hofküchenmeister Düring (1806–1814 Küchenmeister am preußischen Hof) sind einige handschriftliche Aufzeichnungen im Privatbesitz der Familie Podehl in Dortmund vorhanden.

Gern würde Gudrun Podehl einmal wieder nach Tilsit reisen, aber in der heute russischen Stadt Sowjetsk sind Besuche von ehemaligen Ostpreußen nicht so gern gesehen.

SPEISEZETTEL DES HOFKÜCHENMEISTERS DÜRING AUS DER FELD-HOFKÜCHE IM QUARTIER KÖNIG FRIEDRICH WILHEMS III. AUS DEM JAHRE 1806 UND 1807

Originaltext

Ortelsburg, 4. Dezember 1806

Suppe à Allmande mit Perlgraupen
Hammelkeule mit Sauce bretone
Erdäpfel au four mit Bratwurst
Rehbraten
Kleine Puddings mit Kirschsauce
Biskuit glaciert

Die Hohkönigsburg um 1910

Rastenburg, 5. Dezember 1806

Nudelsuppe mit Hühnerfilets
Weißkohl mit Gans und Bauchspeck
Frikassee vom Huhn mit Zitrone
Karpfen, blau mit Meerrettich
Gebratene Rehkeule
Plintzen
Birnenkompott
Käse

Wehlau, 7. Dezember 1806

Selleriesuppe
Rinderbraten, gedämpft
Sauerkraut und Schweinefleisch
Gebratener Reis
Hammelbraten mit Bohnen
Portugiesischer Kuchen mit Konfekt
Stachelbeerkompott

Rositten, 6. Januar 1807

Legierte Graupensuppe mit Gemüsen
Erdäpfel mit Dorsch
Blanquette von Pute
Omelette souffle

Königsberg, 4. Januar 1807
Majestäts-Tafel, Mittag

Bouillon mit Eiern und Brot
Pürree mit Hechtnockern
Rinderschwanzstück, geschmort
Erdäpfel mit Schweinskarbonade
frischer Lachs in Court-Bouillon (Gemüsebrühe)
Gefüllter Putenbraten
Torteletts mit Obst und Creme
Salmis von Rebhühnern

Majestäts-Tafel, Abend

Frankensuppe
Blanquette von Puten
Kompott von Glaskirschen

Königin Luise, Mittagstafel

Suppe a la Reine
Ragout von Kalbsmilch
Gedämpfte Hühner
Kompott von Aprikosen

Königin Luise, Abendtafel

Schokoladensuppe
Omelettes mit Spinatfüllung
Gebackener Fisch
Apfelkompott

Otto B. Düring, der Enkelsohn des Hofküchenmeisters Düring, war bis 1910 oft in der Küche der Hohkönigsburg tätig. Er kam von Königsberg und kochte dort, wenn besondere Gäste zu verpflegen waren.

GEFÜLLTES REHBLATT MIT STEINPILZEN
(nach Otto B. Düring, 1906)

Originaltext

☛ Rehblätter werden ausgebeint, das Fleisch auf die Innenfläche verteilt und gewürzt (Salz, Pfeffer, Wacholderbeeren). Von den Abgängen bereitet man unter Hinzunahme von fettem Schweinefleisch eine Farce (Füllung) zu. Diese streicht man auf die ausgebreiteten Blätter und gebe einige Streifen Speck, Gewürzgurken und einige Zwiebelecken dazu (Zwiebeln pellen, abwaschen und achteln).

Man rolle die Rehblätter und binde sie wie Rouladen mit Bindfaden zusammen. Anschließend schmort man die Rehblätter mit Salz und Pfeffer, sowie Wurzelwerk (Möhren, Sellerie, Porree und Zwiebeln in kleine Stücken geschnitten) gar.

Ein besonderer Tip von Otto. B. Düring : Um ein Auseinanderfallen der Rollen zu verhüten, bestreicht man das Innere vor dem Füllen mit Eiweiß.

Die vom Bratfond bereitete Soße muß pikant abgeschmeckt sein.

Steinpilze:

☛ Steinpilze putzen, waschen und in dünne Scheiben schneiden. Zwiebelwürfel in Butter anschwitzen und die Pilze darauf geben. Salzen und im eigenen Saft gar dünsten. Man dickt die Pilze mit Mehlbutter an. Beim Anrichten streut man frischgehackte Petersilie darüber.

REHRÜCKEN MIT SAUREN KIRSCHEN NACH DÜRINGART

☛ Den Rehrücken schön rosa braten, danach sachgemäß schneiden, auf einer Platte anrichten und mit brauner Butter übergießen. Kurz geschmorte, mit Stärkemehl gebundene saure Kirschen in Blätterteigpastetchen gefüllt in gleichen Abständen um den Rehrücken setzen.

Dazwischen Maispuffer legen. Eine Sauciere mit kräftiger, gebundener Wildjus dazu reichen.

Maispuffer:

☛ 1 kg Mais aus der Konserve mit 4 Eiern, 4 EL Weizenmehl und 1 Prise Backpulver zu einem Teig verkneten. Von diesem Teig handtellergroße Puffer abnehmen und in Butter auf beiden Seiten schön braun backen.

Rezepte aus der Schloßküche Schlobitten

Elfriede Hurtig (1889–1945) rechts außen, im Kreis ihrer Kolleginnen, die Aufnahme entstand um 1913

Schlobitten (polnisch Slobity) Kreis Preußisch Holland. Das Schloß ist seit 1525 im Besitz der Familie der Grafen zu Dohna. In der ersten Hälfte des 17. Jahrhundert wurde es vom Burggrafen Abraham zu Dohna im Renaissancestil umgebaut.

Nach der Zerstörung durch die Schweden erhielt das Schloß seine barocke Kultur. Das Innere des Schloßes ist nach dem Vorbild von Schloß Charlottenburg ausgestattet. Als letzter Besitzer verließ Fürst Alexander zu Dohna das Schloß im

Januar 1945. Kurz darauf ist es niedergebrannt."

(Aus dem Wegweiser durch ein unvergessenes Land, Ostpreußen. Augsburg 1996)

Elfriede Hurtig war bis 1927 vorwiegend als Wäschebeschließerin auf Schloß Schlobitten beschäftigt. Sie arbeitete fast 19 Jahre dort, ehe sie nach Königsberg in eine neue Stellung ging. Wenn die großen Feste bei der Familie zu Dohna angesagt waren, half sie in der Küche aus. Elfriede Hurtig sammelte alte Kochrezepte und konnte sie bei diesen Gelegenheiten verwenden.

Sie starb 1945 in Königsberg, als sie nach einer Blinddarmoperation eine Lungenentzündung bekam. Ihre Nichte, Gudrun Podehl bewahrte die Rezepte auf.

REBHUHNSUPPENTOPF NACH SCHLOBITTENER ART

Originalrezept

☛ Ein altes, gerupftes und gewaschenes Rebhuhn wird angebraten und in einem Liter schwach gesalzener Fleischbrühe nebst einigen zerdrückten Wacholderbeeren weichgekocht. Dann wird es halbiert und von den Knochen befreit. In die passierte Brühe (durch ein Sieb gegossen) gibt man 200 g in Wasser weichgekochte Linsen. Ebenso einen kleineren Weißkrautkopf, welchen man klein geschnitten hat.

Alles wird eine halbe Stunde auf kleiner Flamme vorsichtig gekocht. Dann gibt man noch etwa 500 g klein geschnittene Steinpilze dazu. Auf die Suppe gibt man gebackene Zwiebelringe zur Garnitur.

Die Suppe soll die Leibspeise eines der Grafen zu Dohna im 18. Jahrhundert gewesen sein.

Um die Königin von Preußen, Luise Auguste Wilhelmine Amalie, (1776–1810), ranken sich viele Legenden und von den Ostpreußen wurde Königin Luise besonders verehrt. Zu Ehren der königlichen Familie wurden in der Memelner Küche um 1807 spezielle Gerichte gekocht. Wobei die Küche sich eher bescheiden ausnahm. Die Speisen aus der Memelner Zeit wurden auch sehr oft in der Schloßküche auf Schlobitten nachgekocht. Hier ein Rezeptbeispiel.

Schloß Schlobitten, Parkfront

KASTANIENPUDDING
À LA SCHLOBITTEN

500 g Eßkastanien (Maronen) • 1 l Milch • 1 Stange Vanille 300 g Zucker • 10 Eigelb • 5 EL Aprikosenmarmelade • ½ l Schlagsahne • 4 cl. Maraschinolikör • 100 g Rosinen • 1 EL Zitronat

☛ Die von ihrer Schale und Haut befreiten Kastanien mit 1 l kochender Milch übergießen und eine Stange Vanille dazugeben. Alles in eine Schüssel geben und gut zugedeckt für eine Stunde an einen warmen Ort stellen. Die Rosinen in Maraschinolikör einweichen, ebenfalls beiseite stellen.

Das Eigelb und den Zucker in einem Schlagkessel über einem Wasserbad aufschlagen. Zu der dickschaumigen Masse nach und nach die Aprikosenmarmelade dazugeben, weiter schlagen.

Die Kastanien zusammen mit der Milch durch ein Haarsieb streichen und diese Masse zur Ei-Marmeladen-Mischung geben und weiter unter Hitze schaumig schlagen. Die Masse aus dem Wasserbad nehmen, abkühlen lassen. Dann die Masse in den Gefrierbehälter (heute Tiefkühlfach) stellen und oft umrühren. Sobald die Masse fest ist, aus dem Behälter nehmen. Nun die eingeweichten Rosinen, die steifgeschlagene Schlagsahne und das Zitronat unterheben.

Den Kastanienpudding in Schälchen abfüllen, vor dem Servieren stürzen und mit Schlagsahne verzieren.

Eine Kindheit im Memelland: Aus einem Briefwechsel mit dem Ostpreußen Klaus Hardt

Die Cousins Klaus und Walter Hardt in Eydtkuhnen, 1943

Insterburg, Sommer 1944 – Januar 1945:
Noch einmal, ehe die Kriegswalze darüber hinging, entfaltete sich meine ostpreußische Heimat in ihrer ganzen rätselvollen Pracht. Wer die letzten Monate mit offenen Sinnen erlebte, dem schien es, als sei noch nie vorher das Licht so stark, der Himmel so hoch, die Ferne so mächtig gewesen. [...] Überall in den Dörfern sah man Menschen stehen und zum Himmel starren, wo die großen vertrauten Vögel ihre Kreise zogen, so, als sollte es diesmal der letzte Abschied sein. [...] In den Nächten sah man zu dieser Zeit die östlichen Grenzstädte [...]. Memel, Tilsit, Schirwindt, Eydtkuhnen – das waren die hellsten, wieder und wieder unter Bombeneinschlägen aufzuckenden Punkte im Verlauf einer im Bogen von Norden nach Süden ziehenden Feuerlinie. [...] Ein paar Tage noch unermeßliches Flüchtlingselend auf allen Straßen – dann trat auf einmal Ruhe ein, eine fast unbegreifliche Ruhe.

AUS: HANS GRAF VON LEHNDORFF, „OSTPREUSSISCHES TAGEBUCH“

Nach dem Erscheinen meines ersten Bandes „Familienrezepte aus Ostpreußen“ bekam ich sehr viel Post, darunter einen Brief von Klaus Hardt, der aus Insterburg aus dem Memelland stammt und heute in Berlin lebt. Daraus entwickelte sich ein reger und umfangreicher Briefwechsel, aus dem ich hier einige Auszüge ungekürzt wiedergeben möchte.

Essen und Trinken in der alten Heimat Ostpreußen

Zu meinen schönsten Kindheitserinnerungen gehört auch das Essen und Trinken in der geliebten alten Heimat. Meine älteste Erinnerung an das Essen – ich muß noch sehr klein gewesen sein – ist die an den Wohnzimmertisch, an dem ich saß und wartete, bis meine Mutter mir das Mittagessen brachte. Es war vermutlich Bratwurst mit Kartoffelbrei. Das esse ich auch heute noch gern.

Bei uns in Insterburg gab es natürlich alle ostpreußischen Gerichte, bis auf einige Ausnahmen. Meine Mutter stammte aus dem Memelland und hatte in Tilsit Hauswirtschaft und damit auch richtig

Insterburg, Partie am Schloßteich, ca. 1915

gut kochen gelernt. Sie kochte unter anderem: Königsberger Klopse, Beetenbartsch, Schütterstroh (Sauerkohl mit Kartoffelbrei), Blinde Fischsupp' (das war Buttermilchsuppe), Falscher Hase, Grützwurst, Sauerkohlsuppe mit Eisbein, Sauerampfersuppe und Mostricheier. Besonders zu erwähnen wären die Stintklopse, die meine Mutter auch gemacht hat, und ich erinnere mich noch genau an den Fischeinkauf in der Markthalle in Insterburg. Flinsen und Keilchen gab es auch, aber die waren nicht mein Fall.

Genannt werden müssen auch die Brennsupp', die Brotsupp' und der Schlunz, drei Gerichte, die erst nach dem Krieg in der schlechten Zeit wieder aktuell wurden. […]

Meine Eltern legten selbst Sauerkohl ein. Bauer Mellotat aus Groß Warkau brachte jedes Jahr einen Sack voll „Kummstköppe", das war Weißkohl, der in der Küche zerhobelt und mit Salz in ein Faß gestampft wurde.

Zu Weihnachten gab es immer die köstliche Kartoffelwurst. Wenn sie aus dem Bratofen kam und aufgeschnitten wurde, duftete es wundervoll. Und ich durfte schon Malzbier dazu trinken.

Als meine Schwester im März 1944 zur Welt kam und die Mutter in der Landesfrauenklinik war, versuchte mein Vater sie in der Küche zu ersetzen. Ich muß ganz schön verwöhnt gewesen sein, denn am dritten Tag fragte ich ihn, ob er nichts anderes als Bratkartoffeln machen könnte. Von da ab aßen wir im Ratskeller, einem Lokal, das sich gegenüber auf der anderen Straßenseite befand. Das war für mich höchst interessant. Neue unbekannte Gerüche machten auf mich einen unvergeßlichen Eindruck. Eben die typischen Gerüche eines guten alten deutschen Speiselokals. […]

Tante Emma und ihre Schwester Bertha in Eydtkuhnen, 1941

Bei meiner Großmutter im Memelland wurde ich mit Schmandschinken und Soß-Eierchen verwöhnt, und bei meiner Tante Emma in Eydtkuhnen gab es, wenn wir angemeldet zu Besuch kamen, immer so einen vorzüglichen Kalbsbraten in Schmandsoße mit gemischtem Gemüse, das waren gestovte Möhren und feine Erbsen. Das war mein absolutes Lieblingsessen. Dieses „immer" war aber ein verhängnisvoller Irrtum von mir. Eines Tages ergab es sich, daß wir unangemeldet nach Eydtkuhnen fuhren. Im Zug sagte ich: „Die „Pemms'chen" (das war mein Kosewort für die Tante Emma) wird sicher schon den Kalbsbraten fertig haben." Wohl aus gutem Grund sagte niemand etwas dazu. Als wir ankamen, standen Kartoffelflinsen auf dem Tisch. Da brach für mich eine Welt zusammen. […] Vor Enttäuschung habe ich dann überhaupt nichts gegessen …

Gleich neben der Tante Emma wohnte mein Cousin Walter. Der machte sich nichts aus Kalbsbraten und Gemüse. Seine Welt waren Puddings und süße Suppen. Und er ißt auch heute noch keine Buttermilch- oder Sauerampfersuppe.

Die Gerichte meiner Großmutter aus Hoch-Szagmanten (Kreis Ragnit) im Memelland

Schmandschinken, Soß-Eierchen, Buttermilchsupp' und Sauerampfersupp' waren meine Lieblingsgerichte. In den einschlägigen ostpreußischen Kochbüchern

Der Bahnhof von Eydtkuhnen, ca. 1917

Die Bahnfahrten zu Tante Emma nach Eydtkuhnen gehörten zur Kindheit von Klaus Hardt.

sind Buttermilchsuppe und Soß-Eierchen nicht vertreten, daher habe ich das Rezept für die Buttermilchsuppe „rekonstruiert", mit Erfolg: meiner Frau schmeckt die Suppe sehr gut. Und sie stammt nicht aus Ostpreußen! Meinen Insterburger Landsleuten, mit denen ich seit Jahren korrespondiere, habe ich das Rezept geschickt und alle waren begeistert.

Auf dem Bauernhof in Ostpreußen waren die Grundbestandteile der Gerichte: Kartoffeln, Eier, Speck, Schinken, Pökelfleisch, Rauchfleisch, Milch, Buttermilch, Schmand, Butter, Glumse (Quark), Küchenkräuter aus dem Garten, besonders Schnittlauch und Sauerampfer. Heute ist es gar nicht so einfach, gute Zutaten zu finden. Das fängt schon bei der Buttermilch an. Hier in Berlin gibt es zwei Sorten, eine aus der Uckermark und eine aus Thüringen, die verwendbar sind. Den Rest kann man vergessen …

BUTTERMILCHSUPPE

(für 2 Personen)
700 g mehligkochende, ungeschälte Kartoffeln (= 560 g geschält)
1 kleine Zwiebel (ca. 20 g) • 3 Msp. Gemüsebrühpulver
6 Pimentkörner • 3 Lorbeerblätter
2 Eier • Zucker • Salz
400 ml Buttermilch • 30 g Butter

☛ Die geschälten Kartoffeln in kleine Würfel schneiden und in 1 Liter Wasser mit Gemüsebrühpulver, Salz, der klein gehackten Zwiebel aufsetzen. Nach 10 Minuten Piment und Lorbeer dazugeben. Nach 20 bis 22 Minuten vom Feuer nehmen und noch etwas ziehen lassen. Piment und Lorbeer herausnehmen und den Rest mit dem Stampfer etwas stampfen.

In der Zwischenzeit die Eier – es können auch mehr als zwei sein – nicht ganz hart kochen. Die Buttermilch in die Suppe geben und unter Umrühren aufkochen lassen. Mit Zucker und Salz abschmecken. Die Butter unterrühren. Die abgepellten Eier halbieren und mit der Schnittfläche nach oben in die Teller legen. Die Suppe darüber geben, bis die Eiflächen gerade bedeckt sind.

Wappen von Insterburg (Die Initialen G. F. stehen für den Markgrafen Georg Friedrich, der Insterburg 1583 zur Stadt erklärte.)

In Ostpreußen nannte man:
Lorbeerblätter: „Lorrbaßbläder"
Piment: „Teufelchen"
Zwiebel: „Zippel"

Der Marktplatz von Eydtkuhnen, um 1930

SCHMANDSCHINKEN

☛ Der Schinken, aus dem in Ostpreußen der berühmte Schmandschinken zubereitet wurde, ist heute nicht mehr erhältlich. Behelfen kann man sich mit Kasseler-Kotelett: Den Knochen abschneiden und das Fleisch in Butter und etwas Öl auf beiden Seiten ca. 5 Minuten anbraten. Für die Schmandsoße saure Sahne, Crème fraîche oder Buttermilch mit etwas Mehl zum Andicken verquirlen. Zum Schluß fein gehackten frischen Schnittlauch zum Fett in die Pfanne geben und unter ständigem Rühren aufkochen. Mit Salz, Zucker und etwas Instant-Gemüsebrühe abschmecken. Dazu ißt man Salzkartoffeln.

Brotsuppe

Brotsuppe ist ein fester Bestandteil der ostpreußischen Küche. Mit Zimt, Nelken, Sultaninen, Weißwein und manchmal auch mit Butter und Sahne. Das Grundprodukt für ihre Herstellung war natürlich immer trockenes, also übriggebliebenes, altes hartes Brot. […] Aber selbst mit diesen guten Zutaten wäre sie nicht mein Fall gewesen. Ich bevorzugte immer schon die „handfesten" Gerichte. Bei Suppen: Kartoffelsuppe mit Bockwurst, Beetenbartsch, Sauerkohlsuppe oder Buttermilchsuppe. Aber auch Beetenbartsch mit kleinen Fleischklopsen drin und Kartoffelbrei dazu.

Klaus Hardt auf seiner ersten Reise auf einem Fischtrawler 1955

Um so öfter gab es dann die Brotsuppe nach dem Krieg, in der schlechten Zeit. Und wie man so sagte: Ohne alles. Brot, Wasser und Salz waren ihre einzigen Zutaten. Mit „langen Zähnen" hatte ich sie gegessen, der Hunger trieb's rein. Als es dann wieder besser wurde mit der Versorgung, geriet die Brotsuppe schnell in Vergessenheit, bis sich eines Tages folgendes zutrug:

1955 machte ich meine erste Seereise auf einem Fischtrawler. Der Betrieb, in dem ich mein Berufsleben begonnen hatte, baute Echolotanlagen für die Hochseefischerei. Erstmalig durfte ich mit meinem Chef, einem alten Hasen auf dem Gebiet der Hydroakustik, an einer Erprobungsfahrt in die Barentssee teilnehmen. Wir waren bereits einige Wochen unterwegs und befanden uns weit oberhalb des nördlichen Polarkreises in der Nähe der Bäreninsel. Die See war rauh und die Stimmung an Bord schlecht, denn es gab keinen Fisch. Der alte, versoffene Kapitän brubbelte immerfort „Es ist ein Jonas an Bord", und das hätten wir sein können, die sogenannten „Badegäste". Mein erfahrener Chef schlug deshalb vor, uns für einige Zeit einmal nicht mehr auf der Brücke sehen zu lassen.

Wenn Kapitän und Steuermann die Lage an Bord nicht mehr so richtig im Griff haben, dann ist der Koch gefragt. Er ist sowieso nach den erstgenannten die wichtigste Person auf dem Schiff. Und unser Koch, so ein richtig redlicher Ostpreuße, wollte die Stimmung verbessern und kam auf die verhängnisvolle Idee, zum Frühstück Brotsuppe zu kochen. Sicher hatte er sich dabei nichts Böses gedacht.

Es kam fast zu einer Meuterei. Das Gemaule und Genöle der Mannschaft über diese Brotsuppe war unbeschreiblich und der alte gute ostpreußische Koch bis in das Tiefste seiner Seele beleidigt. [...]

P. S.: Die meisten Köche auf See waren große Könner. 1961 hatte ich an einer Reise auf dem Forschungsschiff „Meteor" teilgenommen. Auf diesem Schiff schwang das Kochgenie Gustav die Suppenkelle. Man begann zu glauben, jeden Tag wäre Ostern, Pfingsten oder Weihnachten. Zu Hause versuchte ich, eine seiner Soßen nachzukochen. In Ostpreußen hätte man dazu „Schmunzelsoße" gesagt. Noch heute gibt es bei uns „Gustavsoße". Gustav war auch viele Jahre Koch bei Emil Jannings (1884–1950), der als erster Schauspieler der Welt einen Oscar erhielt.

BROTSUPPE

☛ Getrocknetes Brot bzw. „Brotkanten" (Enden) in Würfel schneiden, in kaltem Wasser einweichen und dann aufkochen. Durch ein Tuch drücken, mit vorher in Wasser aufgeweichten Rosinen (oder Sultaninen), zwei Nelken sowie etwas Zucker und Salz vermengen und alles nochmals aufkochen.

Anschließend ein wenig saure Sahne unterrühren und vom Herd nehmen. Mit Zucker und Zitronensaft abschmecken.

Klaus Hardt als Kind am Teich in Insterburg

Fischrezepte aus der alten Heimat

Fisch wurde in unserer Familie schon immer gern gekocht, in Insterburg, meiner alten Heimat in Ostpreußen, und auch später nach dem Krieg. Meine Mutter machte in Mangelzeiten sogar Stintklopse aus einem Fisch, der später nicht mehr zu bekommen war.

Durch meinen Beruf hatte ich von Anfang an mit Fischen zu tun; als Mitarbeiter in der Forschung und Entwicklung konnte ich an vielen Fangreisen zur Erprobung der Ortungsgeräte teilnehmen. In der Barentssee gab es Rotbarsch, Katfisch und Kabeljau, in der Nordsee Hering und Makrelen, bei Bornholm Sprotten. Vor Island lernte ich den Lengfisch kennen. In der Biskaya fing man Sardinen, und an der Küste von Westafrika fingen die russischen Fabrikschiffe „Stawriden". Wie dieser Fisch auf deutsch hieß, weiß ich bis heute nicht. Aber in der DDR gab es ihn in russisch beschrifteten Büchsen, hochkant eingestellt und in Öl eingelegt. Eine sehr beliebte Konserve.

Insterburg, Wilhelmstraße

BEETENBARTSCH

reichlich 500 g Rote Beete, kleingeschnitten
600 ml Fleischbrühe (selbst gekocht aus 300-400 g Suppenfleisch mit Knochen, z. B. Rinderbeinscheibe) • Salz, Lorbeerblatt, Piment und Suppengrün
Majoran und/oder Basilikum/Thymian

für die Klopse (8 kugelrunde, kleine Klopse):
250 g Gehacktes, Rind und Schwein gemischt • 1 Ei • 15 g Semmelmehl
1 kleine Zwiebel, fein schneiden • Pfeffer, Salz • 1 EL geschmolzene Butter

☛ Rote Beete in der Brühe ca. 30 Minuten garen. Mit dem Mixstab pürieren. In der Zwischenzeit kleine Klopse zubereiten und in der pürierten Suppe dann 10-12 Minuten garziehen lassen. Zum Schluß die Suppe mit Schmand verfeinern (alternativ: saure Sahne oder Crème fraîche). Dazu auf einem Extrateller Salzkartoffeln, Kartoffelbrei oder Flinsen aus gekochten Kartoffeln reichen.

Eydtkuhnen, Chausseestraße

KOCHFISCH NACH TANTE EMMAS ART
(Rezept aus Eydtkuhnen)

(für 2 Personen)

400 g Fisch (Kabeljau, Seelachs) • 1 Wurzelwerk (80 g Möhre, 80 g Sellerie, 50 g Petersilienwurzel, 1 Zwiebel ca. 25 g)
Fischgewürz (4 Nelken, 6 Pimentkörner, 3 Lorbeerblätter, 1 Zwiebel, 1 unbehandelte Zitrone) • Butter • Mehl • Salz • Zucker
1 Bund Dill

☛ Den Fisch rundum leicht salzen und mit Zitronensaft beträufeln. Das Wurzelwerk putzen und in kleine Würfel schneiden. Aus der Zitronenmitte eine 5 mm dicke Scheibe herausschneiden.

Wurzelwerk, Zitronenscheibe und Gewürze mit 1 TL Zucker und einer Prise Salz mit 400 ml kochendem Wasser aufsetzen und 20 Minuten köcheln.

Den Fisch in Würfel schneiden, in einen Topf geben. Den Sud von dem Wurzelwerk und den Gewürzen durch ein Sieb in den Fischtopf passieren. Wieder aufkochen lassen, anschließend 15 Minuten bei leichter Hitze ziehen lassen.

Aus Butter und Mehl eine Schwitze zum Fischfond herstellen und die Soße mit Salz und Zucker abschmecken. Zum Schluß das gehackte Bund Dill dazugeben, noch einmal kurz aufkochen lassen und dann über den Fisch gießen. Alles noch etwas ziehen lassen. Dazu Salzkartoffeln servieren.

Klaus Hardt (rechts) mit seinem Vater und Tante Emma in Berlin um 1960

FISCHSUPPE NACH TANTE EMMA

(für 2 Personen)
300-400 g Fisch:
je 150-200 g Kabeljau- und Seelachsfilet, wahlweise nur Kabeljau oder Seelachs
60 g Rosenkohl • 40 g Porree, wahlweise auch Zwiebel
50 g Petersilienwurzel • 50 g Sellerie • 50 g Möhre
60 g Blumenkohl, wahlweise auch Kohlrabi oder Romanesco oder Brokkoli
30 g Paprika, vorzugsweise rot spitz, nicht aus Holland
120 g Kartoffeln • 30 g fetter Speck • 10 g Öl
1 Würfel fette Brühe • Gemüsebrühe zum Abschmecken
2 Lorbeerblätter • 4 Pimentkörner • Salz • Zucker
Saft ½ Zitrone
½ Bund Petersilie, 1 Bund Dill

☛ Dicke Stiele der Kräuter können kleingehackt und zum Andünsten genommen werden. ***Zum Andicken:*** Weizenmehl Type 405, 30 g Butter

Den Fisch rundum salzen und mit Zitrone beträufeln. Rosenkohl vierteln, das übrige Gemüse in kleine Würfel schneiden.

Speck in ganz kleine Würfel schneiden und in einer Pfanne mit etwas Öl auslassen. Rosenkohl, Porree und Sellerie darin andünsten (leicht bräunen). Brühwürfel in 1 Liter kochendem Wasser auflösen. Darin den in grobe Würfel geschnittenen Fisch und das andere Gemüse mit Salz und etwas Zucker aufsetzen und 20 Minuten garkochen. Nach der halben Kochzeit die fein gehackte Petersilie und Gemüsepulver dazugeben. Den Topf vom Herd nehmen und etwas ziehen lassen. Die Brühe abgießen.

Aus Butter und Mehl eine Schwitze zubereiten und mit der Brühe aufkochen. Ganz zum Schluß den feingehackten Dill dazugeben. Kurz aufkochen und über den Rest gießen.

Reuschenfeld: Ein untergegangenes Dorf und seine Rezepte

Erntezeit bei Familie Klausien (zweiter von links: Vater Max Klausien), um 1930

Wenn ich mich mit Dorothea Ebert in langen Gesprächen über ihre Kindheit in Ostpreußen unterhalte, wird ihr Heimatdorf Reuschenfeld mit seinen Häusern, Menschen und ihren Geschichten wieder lebendig. Ihre Mutter, Meta Klausien (geb. 1900), und ihre Schwester Christel (geb. 1929) hatten ihr später viel über die alte Heimat erzählt.

Reuschenfeld lag an der Reichsstraße 131, zwischen Nordenburg und Raudischken, und war Bahnstation an der Strecke Gerdauen-Angerburg. Der Bahnhof lag ungefähr einen Kilometer vom Ortskern entfernt. Es war ein kleiner Ort mit ungefähr 390 Einwohnern und 70 Häusern bzw. Höfen. Die meisten Reuschenfelder waren Bauern.

Man muß in der Vergangenheitsform sprechen, weil Reuschenfeld heute nicht mehr existiert. Nach dem Zweiten Weltkrieg wurde die russisch-polnische Grenze

Ons Rieschenföld

De Blomkes blejde ewerall,
De Schwienkes grunsde ennem Stall.
Dat duftend fresche saft'ge Green
Oppe Földer wer so scheen.
Man kann segge, wat man wöll;
Am scheenste weat in Rieschenföll.

MARGARETE GAUSE
(geb. 1922 in Reuschenfeld/Ostpreußen, gest. 1999)

genau durch dieses Dorf gezogen und alles dem Erdboden gleichgemacht. So betrachtet ist es ein Glücksfall, daß auf der polnischen Seite immerhin dreizehn Höfe stehengeblieben und bewohnt sind. Aber es gibt kein Reuschenfeld mehr, auch nicht unter polnischem Namen.

Dorothea Ebert, geb. Klausien, kam 1941 in Reuschenfeld zur Welt. Die Familie mußte 1945 wie alle anderen Dorfbewohner fliehen. Der Vater, Max Klausien (geb. 1899), wird seit 1945 im Osten vermißt; die Großmutter starb auf der Flucht. Die Mutter kam mit beiden Töchtern nach Münchhausen (Hessen), Dorothea fand später in Greiz (Thüringen) ein neues Zuhause.

Dorothea Klausien auf den Armen des Nachbarn Gerhard Schön vor dem Chausseehaus (früher Zollstation), ca. 1944. Der Bauernhof von Max Klausien lag direkt gegenüber.

Dieses Bild (entstanden vermutlich 1942) trug die Mutter von Dorothea Ebert, Meta Klausien (links im Bild), während der Flucht am Körper. Dorothea sitzt auf dem Schoß der Großmutter, die die Flucht ebenso wie der Vater (rechts im Bild) nicht überlebte.

Wintervergnügen auf dem Rodelberg in Reuschenfeld, gegenüber vom Haus von Gustav Klausien (ein Vetter von Max Klausien), ca. 1940

Christel Klausien, Dorothea Klausien und Max Fröschke (ein Verwandter der Familie) vor dem Chausseehaus an der Reichsstraße 131, ca. 1943

Einmal servierte mir Dorothea Ebert an einem kalten Dezembernachmittag eine Himbeer-Quiche. Dieses Gebäck schmeckte zusammen mit dem Tee, der von ihr in einer aufwendigen Teezeremonie zubereitet wurde, einfach vorzüglich. Bei dieser Gelegenheit übergab sie mir mehrere Rezepte aus der alten Heimat, in denen Himbeeren eine dominierende Rolle spielen. Kein Wunder: Himbeeren gab es nicht nur in jedem Garten in und um Reuschenfeld in Hülle und Fülle, sondern auch in den Wäldern, und viele Familien hatten dort ihre ganz privaten „Pflückverstecke". Diese wurden dann von Generation zu Generation „weitergeflüstert". Oft waren die Familien an den Sonntagen unterwegs und kamen mit Wassereimern voll Himbeeren wieder heim.

Und so glaubt Dorothea, wenn sie die im Garten in Greiz wachsenden Himbeeren nach den alten Rezepten ihrer Mutter verarbeitet, ihre Kindheit zu schmecken …

Reuschenfeld, Postkarte von ca. 1925

REUSCHENFELDER HIMBEERKUCHEN

für den Mürbeteig:
150 g Weizenmehl • 100 g Butter • 60 g Puderzucker • 1 Päckchen Vanillezucker
80 g Haselnüsse • 1 Eigelb • 1 Prise Salz

für den Rührteig:
100 g Himbeergelee • 150 g Zucker • 3 Eier • 1 Päckchen Vanillezucker
120 g Haselnüsse, gemahlen • 100 g Weizenmehl
1 Päckchen Backpulver • 200 g Himbeeren, frisch oder TK
1 TL Puderzucker

☛ Die Zutaten für den Mürbeteig miteinander verkneten und den Teig in eine gefettete Springform (ø 26 cm) drücken. Mit dem Himbeergelee bestreichen. Anschließend für den Rührkuchenteig die Eier schaumig schlagen, Zucker und Vanillezucker dazugeben. Die gemahlenen Haselnüsse mit dem Weizenmehl und dem Backpulver vermischen und in die Eier-Zucker-Masse rühren. Das Ganze auf den Mürbeteigboden verteilen und schön glatt streichen. Die Himbeeren darauf verteilen und bei 180 °C Mittelhitze 45 Minuten backen. Nach dem Abkühlen mit Staubzucker bestreuen.

Winterweg durch Reuschenfeld, ca. 1940

Ernte 1932: Vater Max Klausien und die dreijährige Schwester Christel (auf dem Pferd)

Reuschenfeld hatte zwei Dorfgaststätten, zugleich Tanzlokale – „Warwel" und „Possekel" –, in denen vor allem Bier, Rum und Korn von guter Qualität geschätzt wurden. Der Rum und der 97-prozentige Spiritus wurden in Fässern geliefert und aufbewahrt. Der Wirt verdünnte dann den Spiritus mit Wasser, aber nach den strengen Vorschriften des Wirtschaftskontrolldienstes. Wenn der Wirt den Alkohol zu sehr verdünnt hatte, mußte er mit empfindlichen Strafen rechnen. Das machte aber kein Wirt in Reuschenfeld, denn noch mehr als die amtlichen Kontrollen fürchteten die Wirte den gerechten Zorn der Gäste.

Die Spezialitäten in den beiden Dorfgaststätten waren „Koks" (ein Glas Rum mit einem Stück Würfelzucker drin), „En Witter mit em Punkt" (Korn mit einem Tropfen Himbeersaft) und der „Bärenfang" (Likör aus Honig und Alkohol) – sowie im Winter der heiße Grog nach folgendem „Rezept": *Rum muß, Zucker kann und Wasser braucht nicht!*

Die Kinder bekamen ab und zu von den Eltern eine Zitronenlimonade oder gar ein Malzbier spendiert.

Krug Possekel in Reuschenfeld, ca. 1938

Brauerei Kinderhof in Gerdauen

Ihre Schwester Christel erzählte ihr einmal von einem Weinfest in Possekels Gasthaus, wo es nur Wein zu trinken gab, keinen Schnaps, auch kein Bier. Nun tranken zwar die Frauen gern einmal ein Glas Wein, aber die Männer waren doch für kräftigere Sachen. Der Vater und ein Nachbar saßen an einem Tisch und hatten auch ihre Weingläser vor sich stehen. Nur der Inhalt war kein Wein – sie hatten mit Frau Possekel ausgehandelt, daß sie ihnen klaren Schnaps aus der Weinflasche eingoß.

Am Nebentisch saß ein anderer Dorfbewohner, der das Ganze bemerkte. Als Frau Possekel ihn fragte, ob er noch ein Glas Wein möchte, sagte er: „Dat Tiech kannst eene oole Su vere Noarsch köppe doa quikt de nöch moal. Öck wöll oak dat watt de hebbe", und zeigte auf den Nebentisch. Er bekam dann auch den „Wein" aus der „besonderen Flasche" …

Brauerei Kinderhof – die älteste Brauerei Ostpreußens

In der Gastwirtschaft der Familie Possekel wurde nur das Bier der Brauerei Kinderhof aus dem nahegelegenen Gerdauen ausgeschenkt. Die Brauerei Kinderhof war die älteste und größte Privatbrauerei Ostpreußens. Bereits zur Ordenszeit existierte am selben Ort eine Brauerei, die von Konrad Freiherr von Romberg um 1800 modernisiert und schließlich 1882 von Alfred von Janson gekauft und mit großem Erfolg geführt wurde.

Produziert wurden unter anderem die Marken „Kinderhöfer Schloßbräu", „Kinderhöfer Hochmeister Bier" und „Kinderhöfer Caramelbier". 2002 sollte die Brauerei an einen Sankt Petersburger Bierproduzenten verkauft werden, jedoch brannte kurze Zeit später das Haupthaus ab, heute ist nur noch eine Ruine vorhanden.

Die Kirmes in Reuschenfeld

Hin und wieder gab es im Dorf eine besondere Abwechslung: Im Hof und im Garten der Gastwirtschaft Possekel wurden Buden, eine Schiffsschaukel und ein Kettenkarussell aufgebaut. Damit die Schaukeln sich auch schnell genug drehen und den höchsten Punkt erreichen konnten, wurden die Äste der angrenzenden Obstbäume abgesägt. Die Schausteller blieben immer eine Woche. Der dazugehörige Kirmestanz war sehr beliebt, möglicherweise auch, weil man zu diesem Anlaß gern der Dorfobrigkeit, dem Ortspolizisten, einen Streich spielte. So wurde einmal sein Fahrrad ganz oben in einen Baum gehängt, ein anderes Mal füllte man ihm seine abgelegte Dienstmütze, während er das Tanzbein schwang, voll mit Senf. Alles lachte, als sich dann der Gendarm die Dienstkopfbedeckung nach dem Tanz vorschriftsmäßig wieder aufsetzte …

Kindergeburtstag bei Familie Possekel mit Kindern der Familie Klausien in Reuschenfeld, um 1940.

Folgendes Getränk ist Dorothea Ebert in lebhafter Erinnerung geblieben und wird von ihr noch heute oft zubereitet:

REUSCHENFELDER HIMBEERTRUNK

250 g frische Himbeeren • 250 ml Buttermilch • 80 g Honig
Saft einer halben Zitrone • 1 Schuß Korn • 250 g süße Sahne

☛ Himbeeren abwaschen und durch die flotte Lotte drehen. Zitronensaft, Honig und Korn dazugeben und mit einem Schneebesen kräftig schlagen. Die Buttermilch einrühren und alles für eine Stunde kalt stellen. Jetzt die Sahne steif schlagen und unter die Masse heben. In einen Tontopf füllen und nochmals für 2 Stunden in den kühlen Keller stellen.

Aus dieser Masse läßt sich im Haushaltseisbereiter auch ein wunderbares Eis zaubern …

Wenn im Dorf jemand gestorben war, waren die Nachbarn die Grabmacher und hielten einen „Bewachabend" ab. An diesem Abend kamen die Familie und die Nachbarn am Sarg zusammen, tranken Kaffee, aßen Kuchen und sangen gemeinsam Lieder aus dem Gesangsbuch. Nach dem Begräbnis wurde stets noch einmal Kaffee und Kuchen sowie ein Abendessen gereicht. Und immer lag ein Gedeck mehr auf dem Tisch – sinnbildlich für den Verstorbenen.

REUSCHENFELDER HIMBEERKUCHEN
(Rezept von 1920)

500 g Weizenmehl • 200 g Zucker • 200 g Butter • 1 Eigelb
500 g rote Himbeeren • 1 Päckchen Vanillezucker • 4 EL Johannisbeergelee

☛ Das Weizenmehl mit dem Zucker mischen, die kalte Butter in Stückchen schneiden und mit der Hand einkneten. Das Eigelb zugeben und alles zu einem streuselartigen Teig kneten. Den Teig halbieren und die eine Hälfte in eine gefettete Springform (ø 26 cm) geben. Jetzt die Himbeeren waschen, mit Vanillezucker und dem Johannisbeergelee vermischen und auf dem Teig verteilen. Anschließend den Rest des Streuselteigs daraufgeben. Im vorgeheizten Ofen bei 180 °C 40 Minuten backen.

Man sollte diesen leckeren Kuchen möglichst frisch und nicht zu kalt essen!

REUSCHENFELDER HIMBEERLIKÖR

☛ 5 Kilogramm Himbeeren gut waschen und abtropfen lassen, in einen großen Ballon einfüllen, danach 5 Liter Kornbranntwein und zum Schluß 1 Kilogramm weißen Kandiszucker zugeben. Jetzt den Ballon verschließen, für mindestens vier Wochen an einen dunklen Ort stellen und gelegentlich gut schütteln. Nach vier Wochen absieben und die Beeren in einer Presse auspressen und in Flaschen füllen. Kühl servieren!

Bauern bei der Ernte in Reuschenfeld, um 1930

REUSCHENFELDER HIMBEERESSIG

500 ml Weißweinessig • 1 kg rote Himbeeren
300 g Zucker • 2 Vanilleschoten

☛ Den Weißweinessig mit dem Zucker langsam und nicht zu stark erwärmen, bis sich der Zucker vollständig aufgelöst hat. Die gewaschenen Himbeeren und die ausgeschabte Vanilleschote dazugeben und so lange leicht köcheln, bis die Beeren vollständig aufgeplatzt sind. Alles durch ein Sieb geben und nochmals durch ein Tuch filtern. In die heißen Flaschen füllen und sofort verschließen.

In jeder Familie wurde ein Schwein gehalten. Wenn es genug Speck angesetzt hatte, kam der Hausschlachter, um bei der Schlachtung selbst und bei der Verarbeitung des Fleisches zu helfen. Manche Bauern und Großfamilien schlachteten oft mehrere Schweine zusammen. Es wurden verschiedene Sorten Wurst gemacht, z. B. Leberwurst, und das Fleisch in einer Tonne eingepökelt. Dauerwürste, Speckseiten und Schinken wurden in der Räucherkammer haltbar gemacht. Nach dem Wurstkochen erhielten die Nachbarn die Wurstsuppe und die besonders guten Bekannten ein paar Würste zum Probieren.

Dorothea Ebert erinnerte sich an so manche Küchenspezialität, die dazu gereicht wurde, zum Beispiel Keilchen, auch „Kielges“ genannt: Aus einem rohen Kartoffelteig, ähnlich rohen (Thüringer) Klößen, wurden kleine runde Klößchen geformt, im sprudelnden Salzwasser gargezogen und zu gebratenem Schweinebauch und mit im Schweinefett gedünsteten Zwiebeln gegessen.

Dazu gab es oft Sauerkraut („Kumst“). Im Dorf war eine Kohlschneidemaschine vorhanden, die sich jeder Krautliebhaber ausleihen konnte. Der Weißkohl kam dann mit Salz in eine Tonne, ein großer Stein drückte die Kohlschnitzel zusammen und durch den Gärprozeß entstand das Sauerkraut.

Berühmt war auch der Kohlrübeneintopf, den ihre Mutter machte und der in der ganzen Familie gern gegessen wurde.

Das „Wahrzeichen“ von Reuschenfeld

KOHLRÜBENEINTOPF NACH MUTTER KLAUSIEN

500 g Kaßler • 750 g Kohlrüben • 500 g Kartoffeln • 2 Zwiebeln
1 Lorbeerblatt • 5 Gewürzkörner (Piment) • 1 TL Majoran
1 TL Butter • 1 EL Mehl
1 EL gehackte Petersilie • Salz, Kümmel

☛ Fleisch in 1 ½ Liter Wasser unter Zugabe von Lorbeerblatt, Gewürzkörnern und geviertelten Zwiebeln garkochen, dann die Brühe durch ein Sieb gießen. Geschälte Kohlrüben und Kartoffeln in kleine Würfel schneiden, in der Brühe garkochen, kleingeschnittenes Fleisch dazugeben und mit den übrigen Gewürzen abschmecken. Das Mehl in heißer Butter anschwitzen, in den Eintopf geben und zum Schluß mit gehackter Petersilie bestreuen.

Mutter Meta Klausien, geb. Weidkuhn, im Reuschenfelder Garten, ca. 1927

Küchentraditionen von der Weichsel: Familie Kubert aus Groß Weide

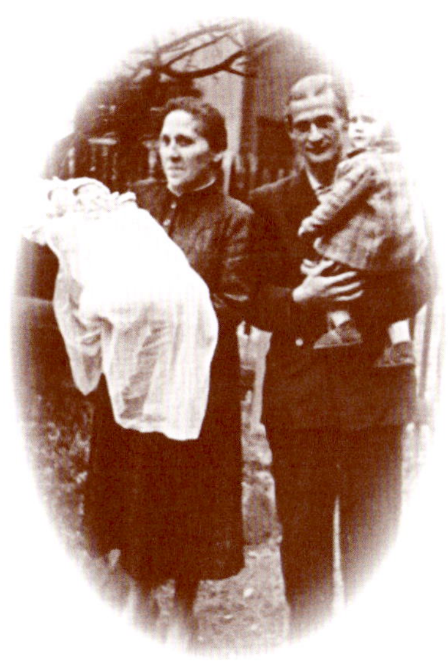

Anna Kubert (li.) mit Enkelsohn Georg auf dem Arm, 1956

Ostpreußen war Grenzland, vom Reich durch den Polnischen Korridor abgetrennt. Von dorther wehte ein Wind, der das Herz bewegte, ein Geist, der Opferbereitschaft herausforderte. Es war kein neutrales Leben, das dort geführt wurde. Man wurde gebraucht. Das hatten wir Kinder schon früher immer empfunden, wenn wir im Sommer zu unseren Großeltern fuhren. Meistens war es eine Nachtfahrt. Aber es wurde ja früh hell, und wir setzten unseren Ehrgeiz darein, die Weichsel nicht zu verschlafen. Ihr Anblick gehört zu meinen stärksten Kindheitseindrücken. Wenn das Tempo des Zuges sich verlangsamte, so gegen vier Uhr morgens, waren wir plötzlich hellwach ... Unter uns zog der wunderbare Strom breit und schicksalsschwer durch das stille Land, kleine und größere Strudel bildend, die in der Morgensonne aufleuchteten. ...

AUS: HANS GRAF VON LEHNDORFF, „MENSCHEN, PFERDE, WEITES LAND: KINDHEITS- UND JUGENDERINNERUNGEN“

Margarete, am Neujahrstag 1936 geboren, kann stundenlang über Groß Weide erzählen, über die Weichsel und deren Eigenheiten, über Erlebnisse in der Kindheit, so daß vieles wieder lebendig wird.

Ihre Mutter und die Vorfahren der Familie stammten aus Kurzebrack (heute polnisch: Korzeniewo) bei Groß Weide (heute polnisch: Pastwa) in Ostpreußen, einem kleinen Ort in der Nähe der Weichsel, der 1933 nur 395 Einwohner zählte. Der Ort gehörte zum Landkreis Marienwerder, der 1920 im Zuge der deutsch-polnischen Grenzziehung geteilt wurde. Nur östlich der Weichsel gelegene Orte, darunter auch Kurzebrack, zählten fortan weiter zu Deutschland; 1922 wurde der Kreis in die Provinz Ostpreußen eingegliedert.

Marienwerder, Dom, Schloß und Dansker, aufgenommen ca. 1935

Die Großeltern von Margarete Nickel (geb. Kubert) waren Wasserbauarbeiter Josef Wendt und seine Frau Antonia. Deren Tochter Anna, später verheiratete Kubert und Mutter von Margarete, hatte die ganze Familie durch die letzten schrecklichen Tage des Zweiten Weltkrieges gebracht, und sie war es auch, die ihren Kindern und Enkeln, vor allem ihrem Enkelsohn Georg (genannt „Nickel-Schorsch"), immer ein Vorbild war und bei ihnen das Interesse für das Kochen weckte.

Familie Wendt gehörte zu den alteingesessenen Familien in Kurzebrack/Groß Weide und war stets stolz auf ihren Familiensinn und die Traditionspflege, auch in der Küche. Die überlieferten Rezepte machen deutlich, wie sehr die nahe Weichsel die dort ansässigen Menschen geprägt hat. In Gesprächen mit Margarete und ihren Kindern habe ich viel über Eßgewohnheiten in Ostpreußen erfahren. Vor allem Fische aus der Weichsel standen auf der Speisekarte: Hecht, Zander, Wels,

Foto vom Zugang der Provinz Ostpreußen zur Weichsel bei Kurzebrack, ca. 1930

Deutschland erhielt laut Versailler Vertrag in Kurzebrack einen ungehinderten Zugang zur Weichsel, der in einer ca. vier Meter breiten Straße durch polnisches Gebiet bestand. Zu Beginn des Zweiten Weltkriegs war Kurzebrack einer der Aufmarschpunkte für den Angriff auf Polen.

Der Großvater Anton Kubert (gefallen 1944/45)

Karauschen und viele andere Fische, die es damals in der Weichsel gab und heute noch gibt.

Margarete erzählt viel von ihrer Mutter Anna, die später liebevoll in der Familie die „Oma mit dem siebten Sinn" genannt wurde, und von ihrem Vater, Anton Kubert, einem gelernten Metzger, der in Rußland gefallen ist – wo und wann, weiß die Familie bis heute nicht. Margarete erinnert sich, daß die Mutter ihre Kinder eines Tages im Winter 1944/45 früh weckte und zu ihnen sagte: „Ich habe diese Nacht von eurem Vater geträumt. Er hat sich von mir verabschiedet …" Wenig später kam tatsächlich die Vermißtenmeldung. Auch andere Begebenheiten sah sie voraus. So klopfte sie einmal in der Morgenfrühe, noch bevor die Familie aufgestanden war, an die Wohnungstür ihrer Tochter und hatte Zitronen und fiebersenkende Medikamente dabei, weil sie geträumt hatte, eines der Kinder

Familie Kubert in Crimmitschau 1949

von links nach rechts: Anna Kubert, Sohn Hans, Sohn Gerhard, Tochter Margarete

hätte hohes Fieber – was sich als richtig erweisen sollte.

Margarete Nickel ist die Flucht im Jahr 1945 noch überaus gegenwärtig. Sie übernachteten in Scheunen, zwischen den Kühen, weil es in der Nacht dort warm war. Tagsüber zogen sie weiter und versteckten sich schließlich in einem leerstehenden Kino in einer kleinen Stadt in Pommern, wo die Familie einen schlimmen Bombenangriff erlebte. Anschließend kamen sie für einige Tage auf einem Bauernhof in Kukow (Pommern) unter. Sie erinnert sich ganz genau, daß ihre Mutter Anna für einen sowjetischen Offizier Kartoffelpuffer machte, vorher jedoch davon probieren mußte, ehe der Offizier sie aß. Dieser Offizier gab ihr für ihre kranken Kinder aber auch Geld, damit sie mit den Kindern zum Arzt gehen konnte. Hans, der 16jährige Sohn, bettelte und stahl notgedrungen für die ganze Familie das Essen zusammen. Einmal nahm er Margarete zum „Kohlen organisieren" mit. Die Züge, die die Kohlen transportierten, verloren in den Kurven manchmal Kohlenstücke, die unter Lebensgefahr aufgesammelt wurden. Das Zugpersonal war nicht immer freundlich zu den Kindern, die die Kohlen zusammenholten: Noch heute hat Margarete eine Delle am Kopf, wo ein Schaffner ihr ein Stück Kohle an den Kopf geworfen hatte. Nachdem Dr. Reinhardt in Crimmitschau das Kind medizinisch versorgt hatte, lief die Mutter wutentbrannt zu dem Verantwortlichen und stellte ihn zur Rede.

Im Spätsommer 1947 ging es für die ganze Familie im Viehwagen von Crimmitschau weiter nach Leipzig, anschließend wieder nach Crimmitschau, wo man ab 1950 endlich eine eigene Wohnung in der Fabrikstraße hatte.

In der ersten Wohnung schliefen alle noch auf Stroh, erst nach und nach konnten sie sich die Wohnung behaglicher einrichten. Bei alldem vergaßen sie nie ihre Heimat, auch weil Anna Kubert und später ihre Tochter Margarete die alten ostpreußischen Gerichte kochten, die mittlerweile Enkel Georg in vierter Generation kocht und weitergibt.

Seit 1960 ist Seelingstädt bei Werdau (Thüringen) der Wohnort von Familie Nickel.

Oma Annas Originalrezepte – aus ihren Notizen übernommen

Anna Kubert war bekannt für ein Fischrezept, das sie von ihrer Mutter und diese wiederum von ihren Vorfahren geerbt hatte:

OMA ANNAS KOCHFISCH IN SAURER SAHNE

☛ Pro Person mindestens 200 Gramm Fischfilet nehmen und vorher entgräten. In einem Topf 1 Liter Wasser erhitzen und Möhren, Selleriekraut und Zwiebel hineingeben – alles geschält und klein geschnitten. 15 Minuten köcheln lassen, dann die folgenden Gewürze zugeben: 10 Körner Piment, 2 Lorbeerblätter, 1 Teelöffel Salz und 1 Eßlöffel Weinessig. Jetzt die Fischportionen hineingeben und 20 Minuten lang garziehen. Das Wasser darf nicht mehr kochen. Den Fisch herausnehmen und heiß stellen. Jetzt die Fischbrühe noch einmal kochen lassen und dann in einen anderen Topf durchseihen. Nochmals aufkochen, 200 Gramm saure Sahne einrühren und sämig werden lassen. Die Sauce vor dem Servieren über den Fisch gießen. Dazu passen Salzkartoffeln.

Die drei Geschwister aus Groß Weide im Jahr 1994: Anna Kubert geb. Wendt, Paul Wendt, Trude Kretzschmar geb. Wendt

SAUERAMPFERSUPPE NACH ANNA KUBERT
(von Oma Anna „Sauerapfersuppe" genannt)

1 l Geflügelbrühe • 0,5 kg Kartoffeln • 3 Eier
eine große Handvoll Sauerampferblätter (frisch gepflückt)
Salz und Pfeffer nach Belieben

☛ Die Geflügelbrühe aus einem Suppenhuhn, 2 Möhren, 1 Sellerie und einer Zwiebel herstellen. Das gekochte Hühnerfleisch als Grundlage für einen Geflügelsalat oder Hühnerfrikassee verwenden.

Die Kartoffeln in Stückchen schneiden und in der durchgeseihten Geflügelbrühe fast garkochen. 3 hartgekochte, gewürfelte Eier dazu geben, dann alles mit Pfeffer und Salz würzen. Anschließend den frisch gepflückten, gut abgespülten und in ein Zentimeter große Stücke geschnittenen Sauerampfer in die Brühe geben und alles 15 Minuten am Herdrand warm halten. Dadurch kann der Geschmack des Sauerampfers richtig in die Geflügelbrühe eingehen.

Anmerkung des Autors zum Sauerampfer: *Man kann Sauerampfer ähnlich wie Spinat zubereiten bzw. ihn mit diesem mischen, damit ein etwas würzigerer Geschmack entsteht. Junge Blätter können an Salate geschnitten oder auch an Saucen und Omelettes gegeben werden. Besonders bekannt und beliebt ist die Sauerampfersuppe in Belgien und Frankreich. Sie schmeckt heiß und auch eisgekühlt. Auch bei Verdauungsbeschwerden ist Sauerampfer ein bewährtes Heilmittel.*

OMA ANNAS QUARK-PIROGGEN

für den Teig:
350 g Weizenmehl • 1 Ei
0,75 l Wasser • Salz

für die Füllung:
500 g Quark • 2 Eigelb
50 g Zucker • 2 Pck. Vanillezucker

Zum Ausbacken verwendete Oma Anna Butterschmalz – so schmeckte es am besten!

☛ Die Zutaten zu einem Teig verarbeiten und eine halbe Stunde zugedeckt stehen lassen. Den Quark mit Zucker und Vanillezucker verrühren. Jetzt den Teig ausrollen und 6 cm große, runde Kreise ausstechen. Jeweils einen Teelöffel Quarkmasse darauf geben, an den Rändern mit Eigelb bestreichen, einen ausgestochenen Quarkkreis darauf geben und mit einer Gabel vorsichtig die Ränder andrücken.

Jetzt die Piroggen im heißen Butterschmalz ausbacken und warm stellen. Dazu wurde oft halbfest geschlagene Schlagsahne gereicht.

Anmerkung des Autors: *Piroggen sind heute in Osteuropa sehr verbreitet. Ukrainische Einwanderer machten sie aber auch zu einem sehr populären Gericht in Kanada, wo sie unter dem Namen* perogies *mit vielen verschiedenen Füllungen in den Tiefkühltruhen jedes Supermarktes zu finden sind. In Deutschland kennt man sie vor allem aus der deutschbaltischen Küche. Echte Schlesier nennen sie auch* Pirogen.

Als Füllungen sind Gehacktes, Quark, weißer Bauernkäse oder Frischkäse, gebratener Speck, gut gewürzte Kartoffelmasse aus gekochten Kartoffeln, gedünstete Pilze, Weißkohl (auch Sauerkraut) oder Obst üblich. Am besten schmecken sie, wenn sie in Butterschmalz oder Fett ausgebacken werden. Auch eine leichte Joghurt-Dip-Sauce mit Kräutern, z. B. Dill, paßt dazu sehr gut.

OMA ANNAS KARTOFFELSALAT
(wird noch heute von der Familie nach dem Originalrezept zubereitet)

In Ostpreußen wurde dazu meistens gebratener Fisch serviert, der in der nahen Weichsel gefangen wurde. Heute gibt es bei den Enkeln Gegrilltes im Garten von Seelingstädt in Thüringen.

(für 4 Personen)
2 kg festkochende Kartoffeln • 2 Möhren
1 Kopf Sellerie • 2 Eier
1 Zwiebel • 2 saure Gurken • 2 Äpfel
2 große Stengel Dill
200 g Schmand (oder Joghurt)
Salz • weißer Pfeffer

☛ Zuerst die Kartoffeln mit der Schale kochen, dann pellen und in dünne Scheiben schneiden. Möhren und Sellerie schälen und ebenfalls kochen, dann würfeln. 2 Eier hartkochen und würfeln. Alles in einer Schüssel miteinander vermischen. Die Zwiebel, die Gurken und die Äpfel in kleine Stückchen schneiden und zu der Möhren-Sellerie-Eier-Mischung geben. Den Dill zupfen und unter den Schmand heben. Jetzt die Kartoffelscheiben gut mit weißem Pfeffer und Salz würzen und alle Zutaten vorsichtig dazugeben. Alles eine halbe Stunde stehen lassen und nochmals bei Bedarf mit Pfeffer und Salz abschmecken.

DIE BERÜHMTE SCHUSTERTUNKE

☛ Durchwachsenen Speck in kleine Würfel schneiden, goldgelb andünsten und einen Eßlöffel Weizenmehl dazugeben. Etwas Wasser dazugießen und mit Salz und Pfeffer würzen.

Dazu gab es gekochte Kartoffeln und gebackenen Fisch aus der Weichsel (nach Erzählungen der Familie Nickel: Hecht, Wels, Aal, Neunaugen oder Flunder).

OMA ANNAS KÖNIGSBERGER KLOPSE

☛ 500 Gramm Gehacktes (halb Schwein, halb Rind), 1 verquirltes Ei, Pfeffer und Salz zusammenkneten und eine halbe Stunde zugedeckt stehen lassen. Dann kleine Bällchen formen. In der Zwischenzeit in einem Topf 1 ½ Liter Wasser mit 1 Zwiebel, 2 Lorbeerblättern, 5 Pfefferkörnern, einem Teelöffel Kapern, einer geschälten, würflig geschnittenen Möhre und einem geschälten, gewürfelten Kopf Sellerie eine halbe Stunde leicht kochen lassen. Jetzt die Bällchen dazugeben und den Topf an den Herdrand ziehen. Nach 20 Minuten sind die Fleischbällchen gar. Jetzt den Topf wieder auf den Herd stellen und die Brühe aufkochen lassen. Etwas Weizenmehl in saurer Sahne anrühren und dazugeben. Dann noch einmal aufkochen lassen, bis die Soße sämig wird. Dazu gekochte Salzkartoffeln servieren.

Anmerkung des Autors: *Mit diesem Rezept habe ich nun 107 verschiedene Familienrezepte zu* Königsberger Klopsen *– ein Phänomen! Jede Familie hat diese ostpreußische Spezialität anders gekocht, und die Kinder und Enkel kochen es nun heute in ihrer eigenen Familientradition weiter.*
Besonders der Enkelsohn Georg (genannt Schorsch) Nickel kocht heute noch sehr gern nach den Originalrezepten seiner Oma Anna und hat damit großen Erfolg bei Familie und Arbeitskollegen.

Marienwerder, Bahnhofstraße

Johannisburg und das jüdische Ostpreußen: Erinnerungen von Hedwig Kluge

Hochzeit von Hedwig und Herbert Kluge in Johannisburg, 1938

Masurische Landschaft

Musik der Erde: wie in diesem Land
die tausend Hügel sanft sich überschneiden,
schwarzbraune Äcker und smaragdne Weiden;
darin der Bäche blütenblaues Band.
[...]
Musik der Wasser: wie die weiten Seen,
die tausend Seen, die ringsum verstreut,
in dieses Landes tiefer Einsamkeit
mit leuchtend blauen Märchenaugen stehen.

FRITZ KUDNIG
(geb. 1888 in Königsberg/Ostpreußen, gest. 1979)

Die mittlerweile verstorbene Hedwig Kluge, geb. Schütz (1911–2008), übergab mir Familienrezepte aus Johannisburg, wo sie während ihrer Kinderzeit oft die Sommermonate bei Verwandten verbrachte.

Im Mai 2007, kurz vor ihrem Tod, besuchte ich sie in Greifswald und hörte ihre beeindruckende Lebensgeschichte. Die damals 95jährige Hedwig hielt mir vier Stunden lang einen bemerkenswerten Vortrag über Johannisburg und die Verfolgung der jüdischen Ostpreußen. Tief bewegt fuhr ich damals heim. Beim nachträglichen Recherchieren in Archiven und beim Befragen von Zeitzeugen wurde mir erst richtig bewußt, welch unendliches Leid der deutsche Nationalsozialismus verschuldet hat: Kaum ein jüdischer Ostpreuße hat den Krieg überlebt.

Im September 1911 wurde Hedwig in Königsberg geboren. Sie war das einzige Kind von Ernst Schütz (1874–1944) und seiner Ehefrau Gunda, geb. Müller (1879–1969). Der Vater arbeitete als Lehrmittelverwalter an der Königsberger Universität. In der Nähe wohnte auch die kleine Familie. Hedwig konnte sich noch gut daran erinnern, daß der Vater Tag für Tag mit Krawatte und Anzug zur Arbeit ging und dort stets einen sauberen und akkurat gebügelten weißen Arbeitskittel darüber anzog. Die Aktentasche enthielt jeden Morgen genau drei belegte Brote, einen Apfel und

Königsberg, Stadtleben um 1935

die Thermoskanne mit Lindenblütentee. Die Lindenblüten für den Tee sammelten Mutter und Tochter während der Lindenblütenzeit. Diese mit Königsberg untrennbar verbundene Zeit trug Hedwig Kluge als Erinnerung tief in ihrem Herzen. Noch bei unserem Gespräch konnte sie mir sagen, wo in Königsberg die Linden mit den ertragreichsten Blüten standen.

Hedwig besuchte die Mädchenschule in Königsberg, die sie 1931 mit einem sehr guten Abitur abschloß, und begann anschließend ein Studium als Lehrerin für die Unterstufe an der Universität in Königsberg. Der Vater war sehr stolz auf sein „Marjellchen", wenn er sie aus seinem Arbeitszimmer inmitten der Studenten sah. Oft verbrachte sie die Pausen mit ihm in seinem mit alten Büchern und Landkarten vollgestellten Zimmer und trank mit ihm zusammen den Lindenblütentee, gesüßt mit etwas Honig. Dieser Geschmack hatte sich ihr ins Gedächtnis gegraben.

Anläßlich des sehr guten Abiturabschlusses luden die Eltern Hedwig ins „Blutgericht" ein, eine damals bekannte Gaststätte in Königsberg. Als sie 1936 ein

Universität Königsberg, um 1940

„diplomiertes Fräulein Lehrerin" wurde, konnte sie sich mit einer Gegeneinladung revanchieren.

Die Mutter von Hedwig, Gunda Schütz, hatte mit ihrer Cousine Ida eine herzliche und liebevolle Verbindung, von der auch Hedwig profitierte. Oft besuchte man sich gegenseitig. Ida war mit dem Forstbeamten Franz Adamski verheiratet und lebte in Johannisburg. Wenn Franz dienstlich in Königsberg zu tun hatte, übernachtete er mit Ida bei den Schützes. Während der Schulferien reiste Gunda mit ihrer kleinen Tochter oft für einige Tage nach Johannisburg. Manchmal durfte Hedwig auch die gesamten Ferien bei Ida bleiben und die Eltern holten sie dann nach Wochen herrlichen Kinderurlaubs wieder ab.

Johannisburg (heute das polnische Pisz), im Südosten von Ermland-Masuren gelegen, wird umringt von Seen der Masurischen Seenplatte sowie der sich südlich der Stadt erstreckenden Johannisburger Heide.

Im 17. Jahrhundert wurde die Stadt durch Tatarenangriffe und einen großen Stadtbrand schwer in Mitleidenschaft gezogen, ebenso durch Besetzungen und Plünderungen während der Kriege im 18. Jahrhundert. Dennoch erholte sich die Stadt wirtschaftlich im 19. Jahrhundert – der Holz- und Getreidehandel so-

Umgebung von Johannisburg – das Kinderparadies von Hedwig Kluge, Fotografie von ca. 1941

wie die Leinenwebereien florierten. Während des Ersten Weltkriegs besetzte die russische Armee Johannisburg ein halbes Jahr lang, zerstörte viele Gebäude und verschleppte einen Großteil der Einwohner nach Sibirien.

Der Wiederaufbau nach dem Krieg wurde auch durch die Patenstadt Leipzig möglich gemacht. Bei der Volksabstimmung 1920 entschieden sich die Johannisburger für die Zugehörigkeit zu Ostpreußen und damit zu Deutschland. Das Ende der deutschen Stadt Johannisburg markiert der sowjetische Bombenangriff vom 19. Januar 1945, der fast zwei Drittel der Stadt auslöschte. Am 24. Januar wurde Johannisburg kampflos von der Roten Armee erobert.

In und um Johannisburg lebten viele Juden, deren Vorfahren als Fischer und Kaufleute ab 1847 eingewandert waren. So entstand im Laufe der Zeit in Johannisburg eine eigene jüdische Gemeinde. Es gab eine Synagoge und sogar ein rituelles Bad (Mikwe).

Schon seit frühester Kindheit wurde Hedwig von ihren Eltern zu einem Menschen erzogen, der freundlich, offen und vorurteilsfrei auf andere Menschen zuging. Und so knüpfte Hedwig, die auch als

Marktplatz mit Rathaus in Johannisburg

Studentin in ihrer semesterfreien Zeit oft nach Johannisburg fuhr, vor dem Beginn der öffentlichen Judenverfolgung Freundschaften zu jüdischen Familien. An einige dieser Familien erinnerte sich Hedwig Kluge noch lebhaft, zum Beispiel an Familie Toller, die noch rechtzeitig nach Amerika auswandern konnte.

Die engste Beziehung hatte sie jedoch zur Familie Bischburg. Im Reichshof am Markt (das Kino in Johannisburg) sahen sie sich oft gemeinsam Filme an oder besuchten sogar zusammen den jüdischen Friedhof in der Luisenallee.

Durch die Bekanntschaft mit den Bischburgs lernte Hedwig Kluge die jüdische Kultur und Geschichte kennen, aber auch die jüdischen Küchentraditionen. Die hochbetagte Großmutter Bischburg schenkte ihr ein handgeschriebenes Kochbuch, und bald verstand es Hedwig, vorzügliche Gerichte nach diesen alten Rezepten zuzubereiten. Die Zutaten besorgte sie auf dem Johannisburger Wochenmarkt, der jeden Dienstag stattfand und auf dem Eier, Gemüse und sehr guter Fisch frisch angeboten wurden.

Viele Gastwirte in der Umgebung von Johannisburg waren jüdischen Glaubens, und manchmal durfte Hedwig den Köchinnen zur Hand gehen und mit ihnen die traditionellen jüdischen Gerichte kochen. Bisweilen arbeitete die Studentin auch im Büro der Masovia-Brauerei oder half als Serviererin bei Veranstaltungen in Hotels und Gaststätten in Johannisburg aus. Einer der Hotelbesitzer, der liebenswürdige Otto Maslowski, steckte ihr bei Dienstschluß gelegentlich einen Geldschein als Extra-Dankeschön zu.

Markttag in Johannisburg, ca. 1930

In Königsberg gab es das Israelitische Waisenhaus, in dem Hedwig Kluge nach ihrem Studienabschluß als Hauslehrerin arbeiten wollte. Doch mit der Machtergreifung der Nationalsozialisten kam alles ganz anders. Bereits 1928 war der spätere Gauleiter Erich Koch Chef der NSDAP in Ostpreußen – er bezeichnete die Juden als „Grundübel" und stiftete zu Anschlägen gegen jüdische Mitbürger an. Spätestens ab 1933 kam es zu immer brutaleren öffentlichen Angriffen auf Juden, die Hedwig Angst machten. Sie beschwor die Bischburgs zu fliehen – in die Freiheit, nach England oder Amerika. Doch die Familie zögerte zu lange. Als sie sich endlich dazu entschließen konnte, war es bereits zu spät. Die Familie Bischburg überlebte wie so viele andere jüdische Familien Ostpreußens den Vernichtungsfeldzug der Nazis nicht.

Hedwig konnte nicht begreifen, daß immer mehr Johannisburger ihre „arischen" Wurzeln entdeckten und 75 Prozent bereits 1932 für die Hitlerpartei stimmten, ein Jahr später sogar 85 Prozent. Für viele jüdische Bürger wurde klar, daß sie fliehen mußten, wenn sie überleben wollten. Der Judenhaß machte auch vor angesehenen jüdischen Geschäftsleuten nicht halt. Es gab Aufrufe wie zum Beispiel „Kauft nicht bei Juden" oder Kunden wurden am Betreten jüdischer Geschäfte gehindert. Hedwig Kluge mußte miterleben, wie man Schaufensterfront und Eingangstür vom Geschäft des von ihr sehr geachteten Benno Toller beschmierte. Viele jüdische Männer waren Kriegsteilnehmer im Ersten Weltkrieg gewesen und trugen stolz ihre Kriegsauszeichnungen. Das hinderte die jungen SA-Männer nicht, sie zu mißhandeln und zu schikanieren.

Im Frühjahr 1935 verließen viele Königsberger Juden ihre Heimat; der Direktor des Israelitischen Waisenhauses, Adolf Peritz, starb 1936. Hedwigs Zukunftspläne waren zerstört.
1937 lernte Hedwig bei einer Familienfeier der Familie Adamski in Johannisburg den Postangestellten Herbert Kluge kennen, mit dem sie eine gemeinsame Weltsicht verband; 1938 heirateten die beiden. In die Zeit der Hochzeitsvorbereitungen fielen die Judenverfolgungen. Die Kluges konnten hier und dort zwar helfen, aber nicht verhindern, daß viele ihrer jüdischen Freunde unendliches Leid traf. Sie wohnten zunächst in Johannisburg, nicht weit von der Familie Adamski, in der Graf-York-Straße.

Bis zuletzt hielt Hedwig den Kontakt zur Familie Bischburg aufrecht, obwohl ihr Ehemann das nicht guthieß. Immer heimlicher mußte Hedwig Kluge ihre jüdischen Freunde besuchen. Im Oktober 1938 wurden Juden polnischer Staatsangehörigkeit nach Polen ausgewiesen. Einige konnten sich in Palästina eine Zukunft aufbauen; vielen Juden gelang die Ausreise jedoch nicht: Die letzten noch in Ostpreußen lebenden Juden wurden 1942 nach Theresienstadt deportiert und ermordet.

Bahnhof in Johannisburg

Von hier aus wurden die Johannisburger Juden deportiert.

Herbert Kluge wurde nach dem Polenfeldzug zur Wehrmacht eingezogen und fiel 1943. Hedwig kehrte daraufhin nach Königsberg zurück. Anfang 1944 starb auch ihr geliebter Vater. Zu der Zeit arbeitete sie gelegentlich als Lehrerin in Königsberg, weil alle männlichen Kollegen an der Front waren. Ein Bekannter ihres Vater vermittelte ihr schließlich eine Stelle als Lehrerin in Greifswald, die sie im September 1944 antrat. Hedwig zog mit ihrer Mutter nach Greifswald.

1969 starb die Mutter und Hedwig Kluge war allein. Einsam war sie trotzdem nicht, weil sie viele Menschen um sich hatte, denen sie in ihrer uneigennützigen Art half. Sie liebte Kinder und bis zu ihrer Rente ging Hedwig Kluge voll in ihrer Arbeit in einer Behindertenschule auf. Nach ihrem beruflichen Ausscheiden 1976 arbeitete sie weiter in einer kirchlichen Einrichtung.

Oft bekam sie Besuch aus Königsberg und Johannisburg. Da wurden Erinnerun-

Familienfeier bei Adamski, 1937

gen wach an die alten Zeiten, gemeinsame Freunde und Bekannte oder an die Arbeit in Gaststätten, Hotels und im Büro der Brauerei Masovia, an Erlebnisse in Johannisburg und Königsberg.
Mit Verwandten des Hotelbesitzers Otto Maslowski aus Johannisburg hatte sie noch sehr lange Kontakt. Gar zu gern hätte sie gewußt, ob es der Familie Toller, die zum Glück rechtzeitig nach Chicago auswanderte, dort gut ergangen ist.

Fast alle Juden, ob aus Königsberg oder aus Johannisburg, die Hedwig Kluge kannte, sind in den Vernichtungslagern der Nazis umgekommen. Mir ist noch lebhaft in Erinnerung, mit welchem Abscheu sie über die menschliche Grausamkeit in der deutschen Geschichte sprach.

Als ich 2008 Hedwig Kluge wieder einmal anrufen wollte, erfuhr ich von der Nachbarin, daß sie Anfang 2008 verstorben war.

Hedwig Kluge liebte es, die alten Freunde bei ihren Besuchen in Greifswald zu bewirten. Oft kochte sie Gerichte nach Rezepten aus dem Kochbuch der Familie Bischburg. Die folgenden Rezepte hatten wir noch zusammen aus diesem Kochbuch ausgesucht.

Steinbrücke in Johannisburg, um 1935

Wissenswertes zur jüdischen Küche

Die jüdische Küche ist eine der ältesten Küchen überhaupt. Sie basiert auf den jüdischen Speisegesetzen, den Kaschrut, *die in der Tora (den fünf Büchern Mose) schriftlich fixiert sind. Diese gehören fest zur jüdischen Religion und Kultur und bestimmen den Alltag aller gläubigen Juden. Die Mahlzeiten sind Bestandteil des religiösen Rituals; oft kommt den Speisen auch eine symbolische Bedeutung zu.*

Die Speisegesetze beinhalten eine Fülle von Geboten und Verboten. Die wichtigsten davon sind: 1. Es dürfen nur „reine", koschere (siehe unten) Tiere gegessen werden. 2. Man muß milchige von fleischigen Speisen trennen.

Der Mensch ist, was er ißt. *Diese einfache, aber wesentliche Erkenntnis liegt auch den Vorschriften der jüdischen Küche zugrunde. Wichtige jüdische Philosophen waren der Ansicht, daß die in der Thora verbotenen Speisen dem Menschen tatsächlich schaden, körperlich und seelisch. Somit ist das Befolgen der Speisegesetze, die Gott durch Mose übermittelt hat, der Grundstein für ein gesundes Leben.*

Lycker Straße in Johannisburg. In dieser Straße befand sich die Synagoge (im Bild links), die während der Reichspogromnacht 1938 zerstört und anschließend abgerissen wurde.

Was ist koscher?

Das Wort koscher (hebräisch: כשר ‚kascher‘) bedeutet ‚tauglich‘ bzw. ‚rein‘, d. h. ‚für den Verzehr geeignet‘. Auch Stoffe, Eßgeschirr, religiöse Gegenstände, selbst die Thora-Rollen können bzw. müssen „koscher“ sein.

Durch Diaspora (hebräisch: ‚Verstreuung‘) und Vertreibungen bildeten sich in Europa zwei Gruppen von Juden heraus: die aschkenasischen (in Ost- und Mitteleuropa lebenden) und die sephardischen (hauptsächlich in Spanien lebenden) Juden. Beide haben jeweils ihre ganz eigene Küche entwickelt – eine Verbindung der jeweiligen Landesküche bzw. der zur Verfügung stehenden Lebensmittel mit den jüdischen Speisevorschriften.

Die jüdische Küche Ostpreußens ist vor allem durch die typischen aschkenasischen Gerichte geprägt: Gefilte Fisch *(„Gefüllter Fisch“ – eine typische Sabbat-Speise),* (der) Kugel *(ein süßer oder herzhafter Auflauf),* Piroggen *(gefüllte Teigtaschen),* gebackener Hering, Käse-Blintzen *(Eierkuchen),* Bejgl *(ein volkstümliches Gebäck)* und *andere.*

Die Küchenrezepte von Hedwig Kluge (aufgeschrieben 1930 bis 1935):

GEDÜNSTETES HUHN MIT PFLAUMEN

1 Huhn • 4 Brötchen, altbacken • 200 g Pflaumen • 250 ml heiße Milch
2 Eier • 3 Äpfel, entkernt und gewürfelt • 1 Bund gehackte Petersilie
1 TL Majoran • Salz, Pfeffer • Öl zum Anbraten • Honig zum Bestreichen

☛ Das Huhn waschen, salzen und pfeffern. Die Brötchen würfeln und gemeinsam mit den entkernten, zerkleinerten Pflaumen mit der heißen Milch übergießen. Etwas abkühlen lassen und dann die restlichen Zutaten (bis auf den Honig) untermischen. Die Masse gut mit Salz und Pfeffer würzen. Jetzt die Masse in das Huhn geben. Das Huhn mit Küchenfaden zubinden und in einem Bräter in etwas Öl von allen Seiten gut anbraten, mit der Brust beginnen. Dann mit der Brust nach oben bei 180 °C im Ofen 1 bis 2 Stunden garen. Zwischendurch mit Honig bestreichen.

JOHANNISBURGER SPECK-ZWIEBELKUCHEN

250 g Mehl • 1 Würfel Hefe • 150 ml Wasser • 2 EL Öl • ½ TL Salz

Belag:
80 g Butter • 2 Eier • 300 g saure Sahne oder Crème fraîche
1 TL Kümmel • 150 g Schinkenspeck • 500 g Zwiebeln

☛ Mehl in eine Schüssel geben, Hefe im warmen Wasser auflösen, mit Salz und Öl zum Mehl geben. Alle Zutaten zu einem glatten Teig verkneten. Im Backofen bei 50 °C ca. 15 Minuten gehen lassen. Dann auf einem Backblech ausrollen. Butter cremig rühren, Eigelb und saure Sahne zufügen, zuletzt den gewürfelten Schinkenspeck und die feingewürfelten Zwiebeln unterrühren. Mit Kümmel würzen und auf dem Hefeteig verteilen. Nochmals im Backofen bei 50 °C ca. 15 Minuten aufgehen lassen, dann bei 200 bis 220 °C goldgelb backen und in Stücke schneiden.

JOHANNISBURGER APFELKUCHEN
(nach einem Rezept der Familie Bischburg)

1 kg säuerliche Äpfel, geschält, entkernt
abgeriebene Schale und Saft von 1 Zitrone • 4 Eier • 250 g Staubzucker
4 EL Zucker • 250 g Rapsöl • 1 TL Zimt • 250 g Mehl • 2 TL Backpulver
1 Tütchen Vanillepulver

☛ Den Backofen auf 180 °C vorheizen. Ein Kuchenblech fetten. In einer großen Schüssel die Apfelstückchen in Zitronenschale und -saft wenden. In einer zweiten Schüssel die Eier, 2 EL Zucker und den Staubzucker mit einem Handrührgerät 3-5 Minuten schaumig schlagen. Das Öl sorgfältig unterschlagen. Mehl mit Backpulver, Zimt und Vanille vermischt einrühren, bis die Masse gut verrührt und glatt ist. Die Hälfte der Masse in die vorbereitete Form gießen. Mit einem Löffel die Hälfte der Äpfel über den Teig geben. Die Apfelstückchen mit der restlichen Teigmischung bedecken, und darüber weitere Apfelstücke verteilen. Mit ca. 2 EL Zucker bestreuen. 75 bis 90 Minuten bei ca. 180 bis 200 °C backen, bis die Äpfel weich sind und der Kuchen schön golden gebräunt ist.

JOHANNISBURGER KARTOFFELAUFLAUF

5 große Kartoffeln • 1 Zwiebel • 3 Eier
3 EL Mehl • 100 ml Öl • 1 TL Salz
½ TL Pfeffer • Knoblauchzwiebel, fein hacken

☛ Die Kartoffeln schälen und danach reiben. Die Zwiebel schälen und reiben. Öl erhitzen. Inzwischen alle anderen Zutaten in eine Schüssel geben und miteinander zu einem Teig verrühren. Ganz zum Schluß das heiße Öl zu der Masse geben und untermischen. Die Kartoffelmasse auf ein Backblech streichen und ca. 1 Stunde bei 180 °C backen, bis der Teig schön goldbraun geworden ist. Herausnehmen und etwas abkühlen lassen, damit der Auflauf nicht zerfällt.

Gegessen wird der Kartoffelauflauf noch lauwarm, am besten als Beilage zu Fleisch, aber auch allein oder mit anderen Beilagen schmeckt er sehr gut.

Rezeptverzeichnis nach Kapiteln

Alphabetisches Rezeptverzeichnis

Quellen

Fotos, Ansichtskarte, Dokumente, Gedichte, Lieder

S. 5 *Hannighofer, Erich: Land der dunklen Wälder. Das Ostpreußenlied. Hrsg. Von Edith Brust, Bremerhaven: Romowe Verlag, 1969*
S. 8 *Der Königsberger Dom, 1910: Otto Lube, Dresden*
S. 9 *Karte: Lore Jacobi, Jesewitz*
S. 14 *Foto von Ella Brachmann 1932: Harald Saul, Gera*
S. 22 *Foto von W. Meinhardt, 192:. Otto Lube, Dresden*
S. 23 *Ansichtskarte von Liegnitz um 1900: Harald Saul, Gera*
S. 25 *Foto von Bernhard Friedrich, Meiningen, 1970: Fam. Uhlmann, Meiningen*
S. 27, 29 *Ansichtskarten von Königsberg: Otto Lube, Dresden*
S. 33-39, 41 *alle Fotodokumente, Ansichtskarten, Auszug aus Taufregister sowie Originalrezepte: Otto Lube, Dresden*
S. 40 *Ansichtskarte von Königsberg 1890: Harald Saul, Gera*
S. 43 *Foto von Karl-Eduard Frick, 1935: Harald Saul, Gera*
S. 47 *Werbe-Postkarte Kochkunstausstellung 1937: Otto Lube, Dresden*
S. 51 *Bild Schiffsausflug 1930: Fam. Wenig, Leipzig*
S. 53 *Arbeitsplan: Fam. Wenig, Leipzig*
S. 56 *Foto von Adelheit Rumert um 1880: Dr. Floßner, Kiel*
S. 65 *Gruppenfoto von 1900: F. Marschner, Berlin*
S. 67, 68, 73, 87, 91, 101, 103, 157, 163 *historische Ansichtskarten von Ostseebad Cranz 1900, Rastenberg 1940, Bartenstein 1919, Tapiau um 1898, Schippenbeil um 1900, Domnau 1900 Schlobitten, Hohkönigsburg 1910: Otto Lube, Dresden*
S. 69, 71 *Ansichtskarten Marienburg, Rastenburg um 1900: Fam. S., Kassel*
S. 75, 77, 79 *historische Fotos 1880-1925, Ansichtskarte von Allenstein: Fam. Fischer, Bad Düben*
S. 84 *Familienfoto Vater und Sohn Linde, 1921: R. Linde, Leipzig*
S. 89 *Foto 1942: E. Becker, Heidelberg*
S. 155, 161 *Ansichtskarte von Tilsit, Gruppenfoto, Schlobitten 1913: Fam. Podehl, Dortmund*
S. 108, 112 *Fam. Gebauer, Gera*
S. 109, 202 *Kudnig, Fritz: Land der tausend Seen, Königsberg/München, Graefe und Unzer, 1935*
S. 110, 111, 113, 114, 120, 124 *oben, 131 oben, 142, 147, 169, 171, 193: Bildarchiv Ostpreußen (www.bildarchiv-ostpreussen.de)*
S. 119 *Sudermann, Hermann: Litauische Geschichten, darin: Die Reise nach Tilsit, Berlin: Deutsche Buchgemeinschaft, 1917*
S. 119, 122 *Portraitfoto, Ansichtskarten: E. Schmidt, Haldensleben*
S. 129, 133 *Familienfotos: Fam. Raksch*
S. 130 *Ambrosius, Johanna: Mein Heimatland, in: Gedichte von Johanna Ambrosius. Hrsg. Karl Schrattenthal, Königsberg: Ferd. Beyer Buchh., 1895*
S. 140, 143 *Portraitfotos: Fam. Hiebel-Münch, Halle/Saale*
S. 140 *Schmitz, Hannelore: Meine Wurzeln: Eydtkuhnen/Ostpreußen, Norderstedt: Books on Demand, 2009*
S. 165, 168, 172, 173, 176 *Familienfotos: Klaus Hardt, Berlin*
S. 166 *Lehndorff, Hans von: Ostpreußisches Tagebuch: Aufzeichnungen eines Arztes aus den Jahren 1945-1947, München: Beck, 2002*
S. 178, 179, 180, 181 *rechts, 184, 188, 190: Dorothea Ebert, Greiz*
S. 179 *Gause, Margarete: Privatarchiv*
S. 181 *links, 182, 183, 185 links, 186, 189: Heiz Possekel, Stuttgart*
S. 191 *Lehndorff, Hans von: Menschen, Pferde, weites Land: Kindheits- und Jugenderinnerungen, München: Beck, 2001*
S. 191, 194, 195, 197 *Familienfotos: Fam. Nickel, Seelingstädt*
S. 201, 209 *Familienfotos: Hedwig Kluge, Greifswald*
S. 205, 206, 207, 208, 210, 211 *(aus dem Buch „Johannisburg in Ostpreußen. Straßen, Gebäude, Landschaften und Menschen um 1900-1945"), www.johannisburg-ostpreussen.de.vu: Ulf Hans Werner Wöbcke*
S. 6, 7, 116, 118, 121, 123, 124 *unten, 126, 131 unten, 132, 134, 136, 137, 138, 139, 144, 145, 150, 152, 167, 174, 175, 185 rechts, 192, 200, 203, 204: Archiv Buchverlag für die Frau, Leipzig*

Autor und Verlag danken herzlich allen Leihgebern.

Titelabbildung: vorne: Allenstein, Ostpreussen um 1931: Ordensschloss, evangelische Stadtpfarrkirche und Jacobikirche
Foto: Transocean-Gesellschaft (Ullstein Bild)
vorne: BdM Haushaltungsschule Greifenberg, Obb., um 1930 (ullstein bild – mauritius)
hinten: Ansichtskarte Marienburg, Ordensburg, um 1900

ISBN 978-3-8094-3814-4

4. Auflage 2024

Dieses Buch ist eine leicht gekürzte Zusammenstellung aus den beiden Titeln „Unvergessliche Küche Ostpreußen", Bassermann 2009, und „Alte Familienrezepte aus Ostpreußen", Bassermann 2014.

Umschlaggestaltung: Atelier Versen, Bad Aibling
Gestaltung: Michael Puschendorf und Uta Wolf
Herstellung: Elke Cramer
Projektleitung: Anja Halveland

Satz: Nadine Thiel, kreativsatz, Baldham
Druck: Alföldi Nyomda Zrt., Debrecen

Printed in Hungary

Penguin Random House Verlagsgruppe FSC® N001967